大學生的生涯諮商手冊

鍾思嘉　著

多年前，已故的歌手張雨生創作和演唱「我的未來不是夢」這首歌，鼓舞了當時許多年輕人追求夢想的心飛揚。是的，一些人的未來確實會逐夢成真，但另一些人的未來卻是前途茫然。我們不否認人的一生有時要靠運氣，正如一些生涯發展學者所謂的生涯機會，然而如果自己不努力而未做準備，即使所謂的貴人或機緣來臨時，只有錯過的埋怨和懊悔。

未來有太多不可預知的變化，使得多數人面對未來常產生猶豫不決或畏懼不前。然而不管如何，未來還是一直在發生，此刻瞬間成為過去，關鍵在於我們面對未來做了什麼準備。

生涯諮商正是幫助接受諮商的當事人做準備，諮商師的工作是鼓勵當事人學習自我覺察、自我評估和自我行動，諮商的過程是幫助當事人瞭解自己和瞭解如何看自己和看所處的生活世界、與當事人一起探索生涯的問題、蒐集並整合生涯資源和資訊、幫助當事人訂定生涯計畫和做決定等等。

隨著生涯諮商日益受到重視，相對地對諮商師的要求也愈來愈高，不僅需要一般心理諮商的專業訓練，而且強調生涯諮商的專門訓練。關於生涯輔導和諮商的方式不少，而本書以諮商師與當事人一對一的個別諮商方式為主軸，內容除了介紹生涯諮商的理念外，而且清楚地呈現生涯諮商的階段和步驟，並具體地舉例說明生涯諮商運用上的策略和技術。

第一章開宗明義介紹生涯和生涯諮商的意義和內涵、影響生涯發展的內外在因素，以及生涯諮商服務的對象，做為有志於從事生涯諮商工作者的概念基礎。第二章簡要介紹近代重要的四個生涯發展理論，以及其在生涯諮商上的應用。關於生涯發展的理論眾多，如經濟學、社會學、發展階段、心理需求、人

格動力、決策歷程、認知發展、認知資訊等各種取向。讀者若對生涯發展理論有興趣，可以閱讀其他生涯發展或諮商的相關書籍。

關於生涯諮商的實際應用，從第三章到第八章依序介紹和說明，並搭配諮商師和當事人會談時的一些對話來舉例，內容包括諮商關係的建立、探索生涯問題、諮商評估、結案等諮商技巧，以及協助當事人增進自我瞭解、運用資源、做決定、設定目標、提昇改變動機、訂定行動計畫等等策略和技術。

第九章陳述一個重要的主題：生涯諮商的倫理，簡要介紹倫理的原則與決策，並說明當事人的權利和生涯諮商師的責任，其目的為提昇諮商師專業能力的持續發揮，以及保障當事人的最大福祉。

身為大學的教育工作者，自然非常關切年輕學子的學習和發展，因此最後一章特別探討大學生的生涯問題和大學生涯諮商的發展，並在前一章討論諮商師的責任之後，進一步以諮商師的壓力和壓力調適為本書壓軸，幫助有志於從事生涯諮商的工作者永保助人的熱情和活力。

最後，謹以本書獻給先慈古德靜女士，她的教育讓我實現生涯之夢。

鍾思嘉

完稿於 2008 年母親節的前夕

目 錄 | CONTENTS

CHAPTER 01

生涯與生涯諮商

　　英文的生涯（career）一字源自於拉丁文的 carrus，意指裝載著貨物的兩輪馬車或古代駕著馬的戰車。「牛津辭典」將此字視為名詞，解釋為道路（roads），可引伸為人一生的道路或進展途徑；此字也有動詞的涵義，表示講求速度的賽馬競技，可引申為全力以赴、勇往向前的狀態。此外，此字也當形容詞用，表示某種長期穩定就業的狀態，如 career woman 形容職業婦女，career soldier 則指的是職業軍人。

　　中國人對「生涯」這字的理解雖與西方的說法略有不同，但某些意涵是相通的。從金樹人（1997）對中國人生涯觀念的闡述，較廣的解釋是對「生命」極限的形容，如莊子曰：「吾生也有涯，而知也無涯」；而文人則從生活體驗中，將生涯視為「生活」，如唐朝劉長卿詩：「杜門如白首，湖上寄生涯」；元朝馬致遠漢宮秋劇的楔子裡云：「正式番家無產業，弓矢是生涯」；較具體的則意指謀生之計，

　　如唐朝白居易詩有：「料錢隨月用，生計逐日營」，也因此早期沒有生涯諮商之名前，稱之為生計輔導。

第一節 生涯與生涯發展

一、生涯的意義

　　生涯與工作、職業常容易混為一談，在說明生涯的意義之前，有必要先區別工作和職業的不同涵義。英文的 work 和 job，中文都翻譯為工作，其實這兩個字有不同的解釋。前者所謂的的工作（work），是指個人對其自認為有價值（也可能是他人所渴望目標的追求過程）、一個目標導向且持續和花費精力的過程。而且，工作通常是有報酬的，如計時、論件或按月的工資；但也可能是沒有報酬的，如義工或從事公益活動、學習進修等。至於個人工作所追求的目標可能是工作本身所帶來的內在愉悅感、工作角色所賦與生活的結構、工作所提供的經濟支援，或是其所伴隨的休閒型態（Super, 1976）。由此可見，工作可以滿足一個人的經濟、社會和心理的目的（Herr & Cramer, 1996）。至於後者所謂的工作（job），則是指一個組織機構裡，一群類似的、有薪資的職位（positions），並且說明其中的工作者具有類似的特性（Super, 1976），如農業耕作、產品製造、建築、貿易、教育、醫護、公務等。

　　而職業（occupation）也常被誤解與工作同義，其實職業並不等於工作，工作也不等於職業。職業的範圍較大，它涵蓋了工作，是指許多行業或機構中一群相同或類似的工作（jobs），其在經濟社會的歷史上早已存在，與個人無關（Super, 1976），它也是職位和角色的統稱，如農民、工

人、建築師、商人、教師、醫生、律師等。

相較於上述工作和職業的定義，生涯的概念涵蓋更深遠。過去西方許多學者對生涯的定義有各種不同的說法，其中以 Donald E. Super 對生涯的詮釋最常為人稱道和引用，Super 認為：生涯是生活中各種事件的演進方向和過程，統合了一個人一生中各種職業和生活角色，由此表現出個人獨特的自我發展形式；它也是人生自青春期以迄退休之後，一連串有酬或無酬職位的綜合，除了職位之外，尚包括任何和工作有關的角色，如學生、受雇者及退休者，也包括副業、家庭和公民的角色等。生涯是以人為中心，只有在個人尋求它時，它才存在（Super, 1976）。

Super 的這種觀點打破了過去認為工作即生涯的狹隘說法，將生涯帶到一個更寬廣的境界，他將生涯視為個人在自我發展過程中，統整所有生活角色的經驗，並透過工作，逐漸實現一個有目標和有意義的人生。同時，Super 亦未過度擴張生涯的範疇，他認為生涯不等於生命，生涯是以工作為主軸的一種生活，一種生命的展現。從上述 Super 的詮釋而言，生涯的意義具有以下五個特性：

1. **方向性**：如 Super 所言：「生涯是生活中各種事件的演進方向」，生涯中雖有許多的不確定，但受到性格、自我概念、價值觀、興趣或能力的影響，使個人內心產生期望，促使自己產生動力朝著某個方向發展。

2. **持續性**：如 Super 所言：「生涯是生活中各種事件的演進過程」，生涯是一生中連續不斷的過程，現在受到過去的影響，未來則受到現在的影響，過程中雖有一些停滯或阻礙，但在時間上是依序往前

的，不能倒轉。

3. **統整性**：如 Super 所言：「統合了一個人一生中各種職業和生活角色」，生涯是一種生活，雖以工作角色為主軸，但與其他的生活角色有直接或間接的關係，而且互相影響。因此，統整這些角色是生涯重要的課題。

4. **獨特性**：如 Super 所言：「表現出個人獨特的自我發展形式」，雖然有些人的生涯發展表面上看起來類似，生活的角色也很雷同，然而因性格、自我概念、價值觀、興趣或能力等的表現不同，形成個人獨特的生涯經驗。

5. **自主性**：如 Super 所言：「只有在個人尋求它時，它才存在。」在生涯發展過程中，雖然受到個人條件、機會、社會環境等影響，但人能主動地思考、選擇、決定、計畫和實踐，因此個人是自己生涯的創造者。

二、生涯發展的內涵

理解了生涯的意義，那生涯發展又是什麼？Herr 和 Cramer（1996）認為，生涯發展是由個人心理、社會、教育、經濟和機會等因素，綜合形成個人綜其一生的發展性生涯歷程；這些個人所經驗的層面，與個人在教育、職業、休閒嗜好等方面的個人選擇、投入和進步情形有關；是個人自我認同（self identity）、生涯認同（career identity）、生涯成熟（career maturity）等特質的發展歷程；此終其一生的發展歷程，導致個人的工作價值、職業的選擇、生涯型態的建立、決策風格、角色統整、自我認同及生涯認

同、教育進修，以及其他相關的現象。

　　Amundson、Harris-Bowlsbey 和 Niles（2005）根據 Super（1990）的「決定因素拱門」（Archway of Determinants），說明影響生涯發展和目標的因素。拱門的架構可分為四個部分：楔石、基石和兩根石柱（見圖 1-1）。

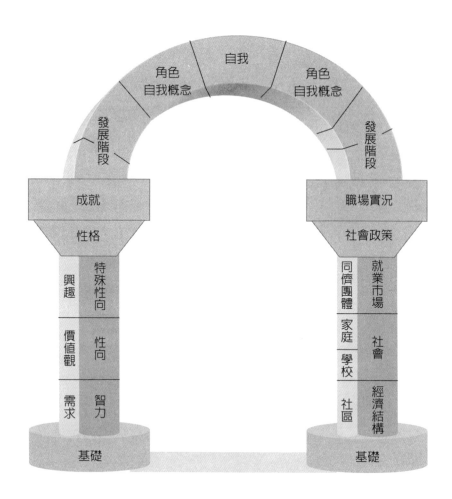

圖 1-1 生涯發展拱門

　　頂端的楔石是自我（self），象徵著個人生涯的關鍵，包括一生中所有生活角色的總合活動，並且透過持續的生涯發展階段（development stage）中的一些角色自我概念（role self-concept）來實踐。而所謂的「角色自我概念」是個人經由工作和其他生活角色，表現出自己獨特的想法或知覺，如職業的自我概念、家庭的自我概念等。

　　拱門的底座是生理的（biographical）和地理的（geographical）基石，生理的基石即是個人的生活史（life story），包含塑造個人需求、價值觀、興趣、性向的延續性的生活事件及影響；而地理的基石則是個人之外的外在世界，包含影響個人與其生涯選擇的社會和文化影響因素。在這兩個基石上的兩根石柱代表著影響生涯發展的兩個主要因素，左邊的石柱是內在因素：需求、智力、興趣、價值觀、性向等，右邊的是外在因素：經濟、家庭和學校、同儕團體、社會、就業市場等。

　　由於這兩個基石及其支撐的石柱是搭建整個拱門的重要結構，是諮商師在諮商中需要理解的當事人之重要資訊，更是必須幫助當事人整合的資源，因此進一步加以說明如下。

（一）內在因素

　　在諮商過程中，多數的諮商師傾向於重視內在因素，因為相較外在因素的不易掌控，內在因素是當事人本身所擁有或經由學習可以強化和提昇，分別說明如下：

1. 需求（needs）：每個人的內心有許多的需求，如著名的 Maslow 五大需求：生理、安全感、愛與歸屬感、自尊和自我實現（Maslow,

1954）。除此之外，在諮商中還發現一些特殊或具體的需求，如求知、利他、美感、生活變化、發揮創意、聲望地位、領導權力等。

2. **智力**（intelligence）：雖然區分人的智力高低常遭受到批評，但不可否認的，它對於一個人所完成教育的質和量，進而影響其職業選擇及生涯發展，具有很大的決定因素。當然，這也並非說愈高智力愈有成就，但要有好的發展，至少需要相當的智力。

3. **興趣**（interests）：興趣是個人對某些事物或活動的喜好及偏愛情形，有些人的興趣很廣泛，而有些人的興趣則較聚焦。基本上，興趣與個人的遺傳和經驗有關，但有些人的興趣可能是自己想像或模仿他人的結果，因此較容易轉變或放棄。

4. **價值觀**（values）：個人成長中因身心的需要，在父母、同伴、師長或其他重要他人的影響下，會逐漸形成對生活事物的判斷或評價，形成一些穩定、不易改變的主張、意見或信念，而且它們會成為主導個人行為的方向盤。

5. **性向**（aptitudes）：一般性向也稱之為綜合性向，如語文推理、語文運用、空間關係、數位、抽象推理、文書等，這些是個人學習的基本能力，雖有程度高低之分，但多數人或多或少都具有這些能力，除了一些因智慧障礙而缺乏這種綜合能力。

6. **特殊性向**（special aptitudes）：除了一般的性向之外，個人有一些天生的特殊能力，如果後天環境能加以開發和培育，會發展出不同凡響的成就，如在語言、科學、繪畫、音樂、運動、創造力等方面傑出的人才，即是具有特殊性向。

（二）外在因素

雖說諮商師較重視生涯發展的個人內在因素，但外在環境的因素對生涯發展是同等的重要，而且常被諮商師所忽略，值得多加瞭解和掌握資訊，分別說明如下：

1. **經濟**（economy）：一般人雖然對經濟的抽象概念感到陌生，然而經濟卻真實地影響我們的生活，例如：經濟景氣的好壞經常直接影響到工作的機會，也間接影響工資收入、物價的波動及生活的水準。而且其範疇涵蓋面極廣，從國家的經濟政策，到機構單位的利潤和績效，乃至家庭或個人的收入和支出。

2. **社區**（community）：個人所居住的附近，所謂的離家方圓百里的地區是經常出入的生活圈，社區的生態、機能、文化水準等也是影響其生涯發展的重要因素之一。觀察不同環境成長的人，常容易看到他們在想法和行為表現上的不同，例如：在都市生活與鄉村生活的人，因生活的節奏、資訊的接收、價值觀等不同而有明顯的差異。

3. **學校和家庭**（school and family）：家庭的環境、條件、價值觀等對於個人的生涯發展的影響，不僅在兒童時期的成長，而且其影響持續到青少年、成人時期，例如：父母的期望經常是子女選擇專業或職業的重要決定因素之一。雖然對個人產生影響的時期稍晚，但是學校的因素對個人成長的影響絕不亞於家庭因素，例如：學校的校風、學習的環境，以及教師的態度，對於個人的成就即不容忽視。

4. **社會**（society）：人是社會的動物，而社會的文化、制度、風氣及

價值等，在在影響每個人的生涯發展，例如：社會價值觀形成的職業聲望，常是選擇專業或工作的重要參考依據，使得某些專業和職業成為熱門的領域，而某些專業或職業則被視為冷門的領域，而且隨著社會的變遷，社會價值觀或職業聲望也會有所差異。

5. **同輩團體**（peer group）：從青春期開始，個人受到同學和朋友的影響愈來愈大，例如：與平日較親近的同伴互動中，彼此的想法和行為常互相學習和模仿，志同道合、臭味相投，即是形容這種影響關係，而且這種情形持續到成人時期。當然，同輩之間也會有一些比較，甚至對立競爭。無論正向或負向的影響，都無法否認其深遠的力量。

6. **就業市場**（labor market）：由於工商業的發達，今日就業市場有許多行業或職位名稱是過去沒有聽說過的，如創意總監、休閒農業專家、形象造型顧問、證券分析師等。同時，因為網際網路的便捷使用，導致許多個人工作室及小規模企業應運而生。相對地，一些傳統的行業面臨縮減或轉型的挑戰，甚至產生急速衰退、消失的危機。

根據 Super 的觀點，經由上述六個內在因素的整合和交互影響，形成個人獨一無二的性格（personality）及成就（achievement）；同樣的，上述的六個外在因素也會交互影響，形成社會政策（social policy）及實際就業情況（employment practices）。最後，內在因素和外在因素二者再交互影響著，融合成為角色自我概念。Super 認為，這種角色自我概念特別指的是生涯及職業的自我概念。

第二節　生涯諮商

一、生涯諮商的發展

　　談到生涯諮商（career counseling）的歷史，必須追溯到上個世紀初期，Frank Parsons 於 1909 年所開創的職業輔導（vocational guidance）模式。他根據個別差異的觀點，採用評量個人能力和性向的心理測量工具，以及調查與個人有關的職業資訊服務，幫助當事人做職業選擇，他的職業輔導模式包含以下三個步驟：

1. **自我瞭解**：幫助當事人清楚瞭解自我，包括特質、性向、能力、興趣、資源和限制。

2. **獲得有關職業的知識**：幫助當事人瞭解不同類型職業的要求和條件、優缺點、工資、機會和前途的知識。

3. **整合有關個人與工作世界的知識**：幫助當事人將上述二者的資訊加以統整，以進行真確的推論，做成有效的職業選擇。

　　雖然，Parsons 被後來的一些學者批評其過分依賴測驗結果做為個人未來生涯的預測，然而不可否認的，近一個世紀前 Parsons 的職業輔導理念仍影響至今。Parsons 之後，職業輔導持續發展近六十年，經由許多的學者及實務工作者的努力，奠定了未來發展的深厚基礎。到了 1970 年代初期，因為受到生涯教育（career education）快速興起的刺激，生涯輔導（career guidance）的名稱和觀念應運而生，美國一些大學的心理諮商專業開始有了

生涯輔導的課程，雖然當時的概念和方法與現今有很大的不同，但是職業輔導及生涯輔導的發展對今日生涯諮商的貢獻，卻是不可磨滅的。

Crites（1981）是首創「生涯諮商」名稱的學者，他認為生涯諮商是協助個人做出適當生涯決定的人際歷程。Brown 和 Brooks（1991）更進一步地界定，這種人際歷程是幫助個人生涯發展和解決生涯難題，而他們所謂的生涯發展是一個人終其一生的歷程，不僅是選擇、進入、適應一項職業及在該職業升遷的歷程，而且與其他的生活角色產生動力性的關聯；而生涯難題則包括生涯未定向、工作表現、壓力和調適、個人和環境的不一致性，以及生活角色缺乏統整等。

對於生涯諮商的定義，Sears（1982）的說法最為簡潔，他認為生涯諮商是諮商師與當事人以一對一或小團體的方式，協助當事人統整與應用對自己與對環境的瞭解，做出最適當的生涯決定與適應。而擁有不少國際學者和實務工作者會員的美國生涯發展學會（National Career Development Association）於 1988 年也提出相類似的觀點，認為生涯諮商是具有專業資格的人對另一群人提供或協商一些活動，幫助其解決職業、生活、生涯、生涯決定、生涯規劃、生涯進展或其他與生涯有關的困擾或衝突。該學會（National Career Development Association, 1997）進一步在其網站上公布的九個生涯諮商的方向，以說明諮商師主要的工作內容，可輔助對生涯諮商的理解：

1. 以合作的方式進行正式和非正式的測量，以幫助當事人有關特質（如價值、興趣、能力等）的澄清（clarity）和具體化（specify）。

2. 鼓勵當事人從事以經驗為基礎（experience-based）的探索活動（如

實習、職業資訊訪談）。

3. 運用生涯規劃和職業資訊系統幫助當事人更瞭解工作世界。

4. 提供當事人增進決策（decision-making）技巧的機會。

5. 協助當事人發展個別化的生涯計畫。

6. 教導當事人求職策略、寫履歷表、工作面試技巧。

7. 經由相關的人際關係技巧的練習（如自我肯定訓練等），幫助當事人解決工作上潛在的個人衝突（potential personal conflicts）。

8. 協助當事人瞭解工作與其他生活角色的統整。

9. 對經驗到工作壓力、失業或生涯轉換的當事人提供支援。

在國內，金樹人（1990）認為，近年來生涯諮商更進一步納入了關懷當事人心理健康、生活角色的主題，生涯諮商是生涯諮商師協助當事人克服和生涯準備、生涯選擇與生涯適應有關的困難與問題，排除情緒與認知上的障礙，達成生涯角色、工作角色與各種生活角色之間的融洽和諧，以增進個人的生涯發展與生活適應。而吳芝儀（2000）則強調諮商師和當事人兩者之間的語言溝通歷程，並認為在雙方建立動力的合作關係下，諮商師應用許多不同的諮商技巧，協助當事人自我瞭解、瞭解工作世界中可能的選擇、設定生涯目標、做出有效的生涯決定，以及採取生涯行動。

綜合上述各家論點，本書從縱貫一生的全程觀及橫跨生活面向的整體觀，將生涯諮商界定為諮商師應用專業的諮商技巧，與當事人建立關係，並在良好的溝通和合作下，幫助當事人澄清其生涯問題，瞭解自我特質及外在世界、運用有效資源、做決定、訂定行動計畫，以及實踐生涯目標。

二、生涯諮商的目標

　　雖然不少的諮商師喜歡對當事人做較長期的諮商，然而大多數當事人通常只願接受短期的諮商，因此生涯諮商應聚焦在當事人身上，在短時間內幫助當事人增強自我能力（Figler & Bolles, 1999）。為幫助當事人在短期內有所改變和成長，諮商的主要目標不僅幫助當事人解決目前的問題，而且即使沒有諮商師的從旁協助，因其自我能力增強，在未來面對類似（甚至不同的問題）時，也能運用在諮商中學到的能力。因此，生涯諮商的目標在於培養當事人的自我能力；其實許多當事人並不是沒有具備這些能力，只是需要諮商師幫助他們把能力發掘或發揮出來。這些自我能力和諮商原則是：

1. **自我負責的能力**：當事人對自己的生涯發展、做決定和行動負起責任，是首要目標。當事人若不能或不願擔負起自己的責任，那麼下列的其他目標也不可能達到。許多當事人常期望諮商師能清楚指出自己未來的方向，以減輕自己做決定的壓力，例如：當事人會要求諮商師：「告訴我該怎麼做？」而當諮商師真的給他一些指導或建議，原以為對他們有幫助，但卻容易造成當事人的依賴，甚至不信任自己的判斷，也不敢嘗試任何行動。因此，有效的諮商是讓當事人看到自己的生涯選擇有許多的可能性，而且願意對自己的選擇負責。

2. **情緒管理的能力**：面對自己的生涯問題或抉擇時，最常有的是焦慮、害怕、擔憂、抱怨等情緒，而這些負向情緒必然影響生涯的發

展和成長。因此，諮商師首先要幫助當事人理解到自己的想法創造自己的情緒，而負向情緒的背後常是一些消極想法，例如：我不好、我沒有能力、我不可能成功等。其次，學習如何察覺到負向情緒，以及改變消極的想法及轉為積極的想法，以獲得正向的情緒力量。此外，也要鼓勵當事人培養良好的生活習慣，例如：規律的生活作息、飲食均衡、早睡早起、持之以恆的運動等，因為如此才可能擁有穩定的情緒。

3. **資源運用的能力**：一個人的資源可分為內在資源和外在資源，內在資源如：個人的智慧、能力、經驗等，在諮商中諮商師常會問當事人：「告訴我，在生活中你有哪些專長（優點、長處、能力）？」之類的引導，其意即在幫助當事人探索內在既有的資源。而外在資源則是能協助當事人解決問題或提供答案的人、事、物，例如：重要他人（父母、親友、師長）、參考書籍、網路資訊等，因此諮商師會詢問：「你周遭有誰能告訴你，所學的專業發展如何？」或「有沒有可能在網路上找到從事這行業的薪水有多少？」之類的提示，以幫助當事人有效地運用外在可利用的資源。

4. **發揮想像的能力**：多數人對自己的未來都有夢想，例如：我有一天得到諾貝爾化學獎、我將來會是世界前百位的企業家、我要成為一位世界級的導演等，也許這些夢想在目前看起來，不夠實際，然而放眼觀之，今日許多的創造發明，正是把昨日認為不可能的變為可能；而一些著名的藝術家、科學家、企業家，其過去一些被人嘲笑為荒謬的想法和行為，現在發覺那是他們成功的泉源。因此，諮商

師應鼓勵當事人發揮想像力，如在生活經驗中找尋自己的興趣、愛好，並幫助他們加以整合，將是其發展生涯的寶藏。

5. **做決定的能力**：生涯中總會面臨許多的抉擇，有的根據判斷能輕易的做決定，而有的卻如站在左右兩扇門、十字路口，讓人徘徊猶豫而難以下決定。無法做決定的因素，除了自我信心不夠或對目前情況理解不足之外，大多數的選擇通常是兩個或兩個以上，且都有其優點和缺點，正如「魚與熊掌不可得兼」或是無法「兩全其美」，因此在生涯諮商中，教導當事人學習衡量情況、評估優缺點的方法，進而成為當事人的永久資產，變得很重要。最常運用的方法是，諮商師從旁協助當事人將其可能的選擇列出來，然後針對每個選擇的優點和缺點，以及想像的可能結果分別加以探究和討論，最後還可以量化，以決定何者較適合或有利。

6. **訂定計畫的能力**：光是有想像力和會做決定，如果沒有將想法落實為行動計畫，那只是「光說不練的假把戲」。計畫雖不似寫企畫案或做報告般的詳細，但基本的原則還是要具備，如採取行動的時間表、具體的步驟、可能的困難及解決之道等。因此，諮商師會要求當事人清楚的回應：「你準備何時去找相關的資料（訪問這方面的專家）？」「如果這麼做，可能會有什麼困難；如果有，該如何因應？」之類的提問。當然，能將計畫寫下來更佳，因為「白紙黑字」的呈現，會是一個很好的提醒。

7. **實踐目標的能力**：經過思考訂定行動計畫的下一步，就是朝著目標前進的實踐。由於當事人過去可能沒有信心或經驗，很可能會半途

而廢，甚至害怕踏出第一步，因此諮商師要不斷地提昇當事人的改變動機，以及持續地肯定當事人的成長和進步。即使當事人覺得自己沒有改變或進步不大，諮商師仍要鼓勵當事人：「我看到了一點改變，這是剛開始，達成目標是需要時間和耐性，我為你打氣！」「你似乎對事情的進展有些失望（不滿意），不過我相信一個小改變會帶動另一個小改變，然後是一連串的小改變，最後是累積成一個大改變。」有時，改變的發展可能會進三步退兩步或停滯不前，這是正常的現象，諮商師必須對自己和當事人實踐目標有信心。

8. 評估進展的能力：從訂定計畫到實踐目標的過程，乃至於達成目標的成果，都需要諮商師與當事人討論，關心的是：「我們怎麼知道這計畫會有效」、「我們怎麼來觀察進步的情形」之類的主題。評估進展的方法很多，除了當事人自己的感受和行為表現、他人的回饋、實際的成果等，運用一些測量工具也是方法之一。然而，目前國內這類測量工具較缺乏，因此諮商師可以自編的問卷來評估當事人的進展情形。對於當事人而言，最簡單的方式就是自我觀察，如以 1 到 10 的簡單評量法，1 代表沒有進展，10 代表最大進展，5 至 6 是居中，在每隔一段時間，由當事人根據主觀的感受加以評估。雖然有人批評這方法不客觀，但是有什麼方法比當事人自己的感覺更重要呢！

三、與心理諮商的整合

相較於一般的心理諮商，生涯諮商長久以來不太受到重視，甚至生涯

諮商工作者被一些心理諮商人員視為不需要什麼專業訓練。然而今日生涯諮商的重點已從傳統的職業適配轉移到生活意義的創造，使得生涯諮商與心理諮商在策略和技術上的差距愈來愈小，例如：諮商師必須深入當事人的內心世界，如關心和鼓勵其生活角色的統整、協助其解決內心的焦慮或衝突等等。

　　Crites 更認為，由於生涯難題和個人難題具有交互作用的關係，因此生涯諮商常需要包括一般的心理諮商，進而幫助個人探索其在工作世界中所欲扮演的角色，他提出生涯諮商與心理諮商的關係之觀點如下（Crites, 1981）：

1. 人們對於生涯諮商的需求大過於對心理治療的需求。
2. 生涯諮商也可以具有治療的效果（生涯與個人適應息息相關）。
3. 生涯諮商應接續在心理治療之後（需先行處理生涯發展中的個人適應問題）。
4. 生涯諮商較心理治療有效（生涯諮商較能預期未來的成功可能性）。
5. 生涯諮商較心理治療困難（生涯諮商時常需扮演心理治療師和生涯諮商師兩種角色）。

　　當然，Crites 的觀點受到不少心理諮商學者和實務工作者的非議，尤其是把生涯諮商的功能和效果似乎過於誇大，遭致這種批評是可以理解的，畢竟心理諮商有較長久的歷史和發展基礎。然而，金樹人（1990）認為，即使資深的生涯諮商從業人員，也很難將生涯諮商與一般諮商或心理治療劃清界限，問題不在於生涯諮商本身，主要關鍵在於當事人的生涯困

境常常與其他的心理健康、人際關係或人格問題重疊，因此難以單獨處理。

事實上，多數的諮商師原本就身兼二者的諮商內容，在諮商時很難加以區隔。即使將二者職稱和主要工作內容區分清楚，在當事人需要時，生涯諮商師仍會處理當事人的心理問題，而相對地，心理諮商師也會與當事人討論生涯諮商的問題。Hinkelman 和 Luzzo（2007）整理一些過去的研究發現，做出以下結論：心理健康和生涯發展之間有交互影響的效應，尤其是大學生尋求諮商時，可能同時具有心理和生涯的問題。例如：他們在專業或生涯的選擇上，常出現抑鬱或焦慮的症狀，而相對地，他們的專業或職業選擇亦對其心理健康產生影響，因此強調應將個人和心理健康的問題整合進生涯諮商當中。

生涯諮商與心理諮商的界線，只不過是以文字區隔出來的兩種形式而已，這種二分的形式可望連接成一個光譜式的連續關係（金樹人，1990）。因此，區分生涯諮商與心理諮商的界線，或是爭論二者的服務涵蓋範圍，是沒有任何意義；因為對於諮商師而言，幫助當事人解決問題和增進他們未來的福祉，才是諮商最重要的目的，無論自己的工作是稱之為生涯諮商或心理諮商。

第三節　生涯諮商的服務對象

早在 1939 年，美國職業輔導學者 Williamson（1939）即將青少年階段所可能面臨的職業選擇難題，歸類為下列四類：

1. **沒有選擇**（no choice）：個人對任何可能的選擇都沒有概念，無法在不同職業中選擇一項，以使自己全力投入。

2. **不確定選擇**（uncertain choice）：個人對他自己所宣稱的選擇，仍抱持著懷疑和不確定。

3. **不明智選擇**（unwise choice）：個人的能力或興趣等特質，和其選擇的職業所要求之條件，存在著不一致的情形。

4. **興趣和性向的差距**（discrepancy between interests and aptitudes）：個人對某一職業有興趣，但不具備足夠的能力從事該項職業，即個人有興趣的職業不同於他有能力做好的職業。

由於早年受到傳統觀念和經濟條件的限制，也沒有像今日這麼多接受較高教育的機會，所以許多年輕人在十八歲以前，就得面對職業選擇及開始工作。然而，隨著社會和經濟結構的急遽變化，以及因應工作需要提高的教育水準，現代人們進入就業市場的年齡漸漸延後，有的甚至延後了四至七年（如大學或碩士畢業），因此所面臨的職業難題也與過去有所不同。Bordin（1946）從個人心理層面探討職業選擇的難題，歸納出以下五種類型：

1. **依賴**（dependence）：由於心理發展的遲緩，過於依賴他人為其做決定。

2. **缺乏資訊**（lack of information）：由於缺乏對自己和工作世界的充分資訊，而無法做決定。

3. **自我衝突**（self-conflict）：經驗到兩個或兩個以上自我概念間的衝突，或是自我概念和其他外在事件的衝突。

4. **選擇焦慮**（choice anxiety）：面臨兩個或多個選擇各有其優劣，以致選擇上產生焦慮。

5. **缺乏保證**（lack of assurance）：雖然做了決定，但仍須尋求他人的保證。

Nathan 和 Hill（1992）認為，雖然當事人所面臨的問題有因人而異的獨特性，但其問題仍有其共同性，大致可分為八類：

1. **生命階段的問題**：當事人的問題屬於發展階段的轉變，如：邁入青少年期、離家到外地讀大學、大學畢業找工作、結婚生子、青年創業、壯年轉業、中年危機、年老退休等。

2. **工作和生活的平衡問題**：當事人的問題屬於工作與生活產生不協調或不均衡，如：工作時間長而無法兼顧家庭、家庭變故影響工作效率、工作忙碌缺乏運動休閒、作息時間不規律等。

3. **做決定的問題**：當事人的問題屬於做決定的信心不足或準備不夠，如：難以做選擇、逃避做決定、不敢對決定負責、擔心決定錯誤、後悔之前的決定、家人和自我的期望不同等。

4. **執行決定的問題**：當事人的問題屬於欠缺達成目標的策略或方法，如：不知如何做計畫、缺乏資源或專門訓練、沒有金錢或資源創業、表達或溝通能力不好、體力無法負荷等。

5. **組織改變的問題**：當事人的問題屬於工作單位或工作的變動，如：公司被裁併或改組、減薪降級、被老闆辭退、新主管或老闆不賞識、轉換新工作職位或任務的不適應等。

6. **工作表現的問題**：當事人的問題屬於工作表現的不如意或挫折，

如：工作績效或業績不如他人、常被老闆或主管批評、工作考評不佳、發生重大工作疏失、多年未獲升遷等。

7. **人際關係的問題**：當事人的問題屬於與周遭他人發生疏離或衝突，如：與老闆或主管之間有誤解、與同事難以相處共事、來自下屬的頂撞或挑戰、與家人關係爭吵失和、孤獨沒有朋友等。

8. **創造力受阻的問題**：當事人的問題，如：能力無法發揮、興趣與性向不合、工作單調無變化、生活枯燥乏味等。

金樹人（1990）則從生涯未決定（或稱生涯未定向）的角度，將需要接受生涯諮商的當事人分為四種類型，加以整理和說明如下：

1. **已決定者**：這類當事人在生涯發展的過程中，已做了一個大致的決定，如高中畢業選擇考大學的某個科系、大學二年級準備要考研究所、大學畢業立即就業等，他們通常對自己的興趣和能力較清楚，也蒐集了所選擇目標的相關資訊，因此對未來的方向已開始一步一步往前走。然而令人不解的是，既已做決定，何來接受諮商的必要？在一些實務經驗和研究中發現，確實有這類的當事人，又可分為三小類：第一類人的思考較審慎周密，希望生涯諮商能幫助他們確認或證明所做的選擇是正確的；第二類的人雖然已確定，但需要生涯諮商幫助他們如何計畫、實踐以達成目標；而第三類的人表面上看似已做決定，實際只是一種假象，他們為了減低必須選擇的焦慮而裝作胸有成竹的模樣，卻可能是下述的「生涯猶豫者」類型。

2. **未決定者**：這類的當事人對於自己的未來選擇還沒有具體的承諾，但並不表示他們沒有自己的想法和計畫，之所以未決定的可能原因

有二：有些當事人是屬於探索性的未定向，在生涯選擇上對自己和職業（或所學專業）的資訊不足，但隨著年齡成長，對自己和職業世界有更多的瞭解，未定向的現象會逐漸減緩。另一些當事人則是多重選擇的未定向，他們的興趣廣泛或能力多樣，以致於無法做決定，處在左右為難的選擇困境中，只好維持未確定狀態。

3. **生涯猶豫者**：這類的當事人處於不確定的背後原因，比起上述兩種類型複雜許多，而且通常伴隨著嚴重的焦慮，又稱之焦慮性未定向。根據過去研究資料，大致又可歸納為三小類：第一類與人格狀態有關，當事人可能患有從輕微的人格異常（如慢性焦慮、缺乏自信、自我認同混淆等）到嚴重的人格異常（抑鬱、解離、妄想疾病等）。此類的當事人在接受生涯諮商前，最好先建議或轉介其接受長期心理治療；第二類是與錯誤的後設認知（metacognition）有關，當事人可能受困於認知上的障礙或錯誤的生涯信念，如認為自己選擇有限、運氣不佳、害怕面對選擇、不敢承擔責任等；第三類與人際的互動有關，當事人由於重要他人（父母、配偶等）的期望不同而造成個人困擾，例如：父母和自己期望的科系有差距或意見衝突、自己想繼續升學而家人希望能工作賺錢以幫助家計、與配偶工作地點相隔距離太遠等。

4. **生涯適應不良者**：這類當事人的困擾多半受到外在因素而影響心理或生活上的適應，如工作或學習上有壓力、與同事或同學之間的人際關係欠佳、工作或學習的表現不佳等，但也有少數人是屬於上述生涯猶豫者的人格異常問題。

綜而言之，上述的各家說法雖有不同的分類方式，但可看出一些相通之處。事實上，分類的好處乃便於描述一些現象，且容易讓人理解，但仍有不夠周延之處，畢竟當事人所呈現的問題很少是單一類型，而是複雜多樣的，且大多數當事人不單屬於某個類型，其問題可能是同一類型內兩個以上的混合，甚至是跨兩個類型以上的複雜情形。因此，進行諮商時應秉持開放彈性的態度，不輕易將當事人歸類或貼上標籤，而是借助這些分類的參考，對當事人做更深入的理解和合理的資訊整合。

CHAPTER **02**

生涯理論在諮商上的運用

　　從生涯諮商的歷史觀之，初期並沒有任何理論可依據，後來經過許多學者不斷地在實務的經驗中，尋找出基本的原則和假設，而再加以驗證與統整，才有理論的形成。尤其是心理學和社會學，在 1940 年代之後開始探討職業行為與生涯發展的研究，以及 1950 年代形成的各家心理諮商學派也逐漸關注生涯的問題，這些因素都直接或間接的，對生涯諮商理論的建立產生實質的貢獻。

　　探討生涯理論是很重要的，因為理論可以提供實務的導引架構。本章針對影響二十一世紀生涯諮商的四個重要的理論：生涯類型論、生涯發展論、社會學習論、生涯建構論，以及根據這些生涯理論而形成的生涯諮商目標和策略，分別做簡要的介紹。其次，以下呈現的諮商案例，是以同一位當事人分別接受這四種不同理論取向諮商師的諮商狀況；此當事人為筆者根據過去經驗所假設的典型代表：一位有生涯困擾的大學二年級男生。由於不可能有同一當事人接受四種理論取向諮商的機會，也不可能在有限的篇幅中呈現完整案例，因此以下各節的敘述，僅是模擬的部分諮商內容。

　　在理解這些理論和運用之前，需要提醒的是，由於每個理論都是經由不同的角度檢驗生涯選擇和發展的現象，因而形成不同的理念和主張，分別呈現諮商案例乃便於瞭解這些理論在生涯諮商上的運用。事實上，這四個理論（包括其他未提及的理論）宜加以整合，可以提供諮商師一個寬廣的視野；而且在實務工作時，大多數諮商師會視當事人所關注的重點和需要，選擇適合的理論，並依據其諮商目標進行諮商。

第一節　生涯類型論

　　生涯類型論源自於人格心理學的概念，John Holland 從 1985 年起，根據自己在諮商的經驗和一系列研究，發現人們會在工作選擇和經驗中表達自我、個人興趣和價值等特質，而生涯選擇則是個人的人格在工作世界的延伸；同時，個人也會被某些能滿足其需求和角色認同的特定職業或生涯所吸引。

　　Holland 的生涯類型論主要概念如下：

1. 個人特質類型（如興趣、性向、價值等）可以歸類為：實際（realistic）、研究（investigative）、藝術（artistic）、社會（social）、企業（enterprising）及傳統（conventional）等六種類型。並依這六種類型的英文字第一個字母分別簡稱為 R、I、A、S、E、C 型，其類型的意義見附錄 1。

2. 工作環境的特性（如職業、特定工作、主修科系專業、休閒等）也可以歸類為上述相同的六種類型。

3. 具有某種特質類型的人會被相似的類型工作環境的特性所吸引。

4. 個人的特質與工作環境特性相似或接近，則個人在此種工作環境裡才能得到滿足，且會投入其中並有所貢獻。

而依據對職業的印象和推論或測量工具的得分，將個人特質和工作環境特性的一致性或相似程度，構成所謂的「典型的個人風格類型」（modal personal style）。由於個人特質和工作環境特性很少會是單一的類型，通常以分數較高的前三個型為代表，如 RIA 、 ASE 或 IAS 等，其中第一個是最符合的類型，第二個和第三個為次符合的類型。依據自己對職業的印象和推論或測量工具的得分，將個人特質和工作環境的一致性或相似程度，構成所謂的「典型的個人風格類型」（modal personal style）。

一、諮商目標

根據 Holland 的理論，諮商師不會與當事人探討長期的生涯發展，而是關注在當事人「現在」的個人特質和工作環境特性的相配性，除非當事人的過去對其現在的興趣和能力有重要的影響。雖然對需要探討長程生涯發展或有錯誤生涯信念、較差自我概念、較低自我效能或決定能力的當事人並不適合，但是對於當下欲選擇就讀系所或工作的當事人，卻非常實用，其生涯諮商的目標為：

1. 運用測量工具分析個人特質之類型。

2. 運用資訊理解教育（專業）或工作的特性類型。

3. 獲得欲選擇（教育或工作）的資訊。

4. 整合個人特質與教育（或工作）特性的資訊，以探討合適的教育或

工作的選擇。

因此，生涯類型論諮商的適用對象通常為：當事人關注的重點是做抉擇，如決定所學科系、選擇職業、尋找新工作或休閒活動，但是此類對象須沒有探索和做決定的障礙，如非理性信念、低自我效能或缺乏能力做決定等問題。

二、諮商案例

國外有一些根據生涯類型論運用在諮商的測量工具，如「職業自我探索量表」、「職業偏好量表」等，雖然國內這方面的工具較缺乏，但仍然可以運用一些非正式的簡單量表或問卷，以下諮商過程即是利用其中一種的「人格特質檢核表」（見附錄 2）進行的。

諮商師：英華，你今天來找我的目的是……

當事人：嗯……我現在是大一學生，對所讀的科系沒有興趣，自己也不清楚對什麼有興趣，所以想請你幫助我，選擇一個自己喜歡的科系，等大學畢業後能從事這方面的工作。

諮商師：你現在讀的科系是什麼？

當事人：我現在的科系是核能工程。

諮商師：喔，是一個很有前途的科系呢！

當事人：可是……我讀了一學期，雖然成績還可以，但是實在覺得愈來愈沒有興趣。

諮商師：那你對什麼方面有興趣？

當事人：我的興趣好像很廣泛，自己也不太確定。

諮商師：你曾經做過什麼職業興趣或性向的測驗嗎？

當事人：沒有。

諮商師：那我們來做一個簡單的測驗，先看看你是哪種類型的性格，再來找可能有興趣的科系，好嗎？（**運用測量工具分析個人特質**）

當事人：好。

當事人接受「人格特質檢核表」測量，時間約十五至二十分鐘，之後諮商師與當事人計算出當事人個人特質的類型。

諮商師：你做這量表的感覺如何？

當事人：嗯，很有趣。從測驗的結果看，我是 AIR 型，這是什麼意思？

諮商師：是的，你是 AIR 型，根據你做的人格特質檢核表，計分後以 A 的分數最高，其次是 I，再其次是 R，而且 R 和 I 的分數很接近，A 表示是藝術型，R 表示是研究型，而 I 表示是實用型。

接著，諮商師向當事人解釋個人特質類型的意義（見附錄 1）。

當事人：怎麼辦？我好像選錯科系了，我應該讀文學或藝術方面的科系。

諮商師：先別急，確定未來的方向需要一些時間（**讓當事人定心**）。你

的主類型是 A，讓我們來看看配合其他兩個次類型，有什麼科系較符合。然後，我們再來一步一步的實現你的理想。

當事人：有什麼科系是符合這三個型組合的呢？

諮商師：我們不能憑空猜想，你願不願意去上網查一查有哪些大學藝術類的專業是符合這三個型組合的？下週我們繼續討論。你會上網查資訊嗎？（鼓勵尋求資訊的獲得）

當事人：我會的，我曾經查過大學方面的資訊。

諮商師：那好，我們已踏出了成功的第一步（給當事人鼓勵），下週我們繼續討論。

下週諮商重點：運用資訊理解專業的未來工作特性，以及整合個人特質和工作特性類型。

第二節　生涯發展論

Super 的生涯發展論採用差異心理學、發展心理學、職業社會學及人格理論等多重觀點，其中差異心理學重視人在興趣、能力、個性等方面的個別差異，發展心理學則描述個人特質的發展階段，而職業社會學強調環境對職業選擇與適應的影響，人格理論則探討人格形成、發展和轉變與生涯的關係。 Super 綜合上述各種理論，並以長期縱貫研究逐漸建構了一個完整的生涯發展理論。 Super 的生涯發展論述很多，以下呈現與生涯諮商關係密切的重要概念：

1. 個人生涯受到自我概念的影響和媒介，自我概念是樹立個人生涯型式的主動力，從嬰兒期開始形成自我與他人的區別，並持續發展貫穿整個一生，職業的選擇也是一個人自我概念的實現。

2. 生涯發展是一個終生歷程，且有其發展階段如下：

   (1) **成長期**：出生～十四、五歲，發展態度、能力、興趣、需求等。

   (2) **探索期**：十五～二十四歲，選擇範圍縮小，尚未做決定。

   (3) **建立期**：二十五～四十四歲，由工作經驗中嘗試，設法安定下來。

   (4) **維持期**：四十五～六十四歲，調適過程，以改善工作地位、情境。

   (5) **衰退期**：六十五歲以後，退休前考慮，工作輸出，最後退休。

3. 生涯是個人在某一特定時間結合所有活動中扮演生活角色的表現，這些角色如：兒童、學生、工作者、休閒者、家長、公民等，而且會彼此影響，其中工作者的角色最為重要，與其他角色有交互影響的密切關係。在人一生中，角色的選擇、時間長短和重要性經常改變，大多時是個人可以掌控的，而其自我概念和價值觀貫穿所有表現的角色。

4. 如同許多其他的技巧，做有效生涯選擇的技巧，有賴於一些特別知識的獲得（關於自己、工作世界和特定職業）及完成適當任務（如知識的整合）。如果這些基本的知識和相關技巧沒有獲得，則會影響其生涯成熟程度，而生涯成熟正是因應生涯發展任務的能力。

5. 雖然個人的自我概念、興趣、價值、能力和目標是生涯選擇和發展

的重要因素，但是做生涯選擇的環境條件也有其重要影響力。

一、諮商目標

根據 Super 的觀點，諮商師非常重視當事人生涯發展的廣度、深度和長度（延續性），以及自我概念的形成和生活角色的統整，並協助當事人統整影響生涯發展的內在因素和外在因素（見第一章），以增進其生涯成熟。其諮商的目標有：

1. 增進生涯成熟度，並減少生涯發展中因態度、技巧、知識等產生的障礙，以達成發展任務。

2. 有需要時，運用評量或會談以分析自我概念和長處。

3. 理解生涯是生活中各種角色交互影響的組合，並協助選擇生活角色和界定角色內涵，以達到生活的平衡。

4. 澄清興趣、能力和價值，以及其與生活各種角色的統整。

因此，生涯發展論諮商的適用對象通常為：當事人求助的目的是生活角色之間產生衝突或不平衡，或自己的興趣、能力、價值等有不清楚或不一致之困擾，以及關心自己未來的生涯發展和計畫。

二、諮商案例

諮商師：英華，你今天來找我的目的是……

當事人：嗯……我現在是大一學生，對所讀的科系沒有興趣，自己也不清楚對什麼有興趣，所以想請你幫助我，選擇一個自己喜歡的科系，等大學畢業後能從事這方面的工作。

諮商師：看樣子，你開始思考「我是誰」和你想要的生活是什麼。

當事人：喔，我沒有想過這問題，我只是想知道自己讀的科系適不適合。

諮商師：瞭解自己和想要什麼很重要（**強調自我概念**），尋找適合的科系是第一步，你心裡有沒有想過未來想從事的一、二個行業？

當事人：也不算是真正想過，我知道自己喜歡文學或藝術方面的工作，我從小就對寫作很有興趣，也曾經得過短篇小說和散文獎。

諮商師：這是蠻好的起點，談談你對藝術的喜好。

當事人：我高中時曾當過學校話劇社的社長，覺得自己能從指導同學排練和演出的過程中獲得很大的滿足，而且指導老師對我的表現稱讚有加，他說我有這方面的潛能。

諮商師：所以，從事這類的藝術工作很吸引你？

當事人：是的。

諮商師：那你想過有哪些行業屬於這類的？

當事人：嗯，電影和電視的編劇，還有導演工作，不過我喜歡像一些名導演自己編劇，我不喜歡純當導演。

諮商師：那你對導演和編劇的工作性質和內容瞭解多少？你對那些導演是如何成功的，瞭解多少？

當事人：我看過介紹他們的文章，但是對於導演和編劇工作的瞭解還是有限。

諮商師：你知道哪裡可以獲得相關的資訊嗎？

當事人：我曾經上網查過資訊，還有看過一些電影藝術的書，但都很粗淺。

諮商師：你願意再多做一些瞭解嗎？（**鼓勵蒐集資訊，以增加生涯成熟度**）

當事人：我願意。我還可以找關係去認識一些現在在學或畢業工作的人，瞭解他們實際的學習或工作情形。

諮商師：那好，下次我們來討論你所蒐集到的資訊，如果能記錄下來更好。

第二次會談

諮商師：上次談到尋找相關的資訊，不知道你進行的順利嗎？

當事人：我找到不少資料，並且整理了導演和編劇的工作性質和內容，這是我寫的筆記。

諮商師：很好，讓我們來看看你的筆記。

諮商師與當事人花一段時間討論其有興趣的導演和編劇工作。

諮商師：你現在打算怎麼達成你的目標？

當事人：我會準備明年報考戲劇相關科系。

諮商師：你知道他們要考些什麼嗎？

當事人：我知道，而且相信只要努力一定考得上。

諮商師：還有，你父母會同意你的決定嗎？（探討其他生活角色的影

響）

當事人：我想他們一定會有意見，不過他們會尊重我的想法。我會跟
他們溝通，告訴他們我對現在讀的科系沒有興趣，讀下去會
很痛苦。

如果當事人的回答是父母不同意自己的決定，諮商師則必須暫停繼續
以下的話題，並與當事人討論如何和父母溝通的方法。

諮商師：太好了。我還有一個問題想請教你，你希望五年後及十年後
的生活是什麼樣子？

當事人：你的意思是？

諮商師：比如說，結婚成家、生兒育女、居住的地方、住的房子、休
閒活動等等。

當事人：這跟我有興趣的科系有關係嗎？

諮商師：我想這是很重要的，因為這些都與你即將選擇的科系和未來
工作息息相關。（強調生涯發展的終生歷程）

當事人：我想五年後我才剛從學校畢業，先找一個電影導演的助理工
作，努力學習。我會居住在電影工業發達的城市，租個房
子，因為還在開創事業。至於十年後，可能還沒結婚，希望
已當了助理導演，至少寫了二、三個劇本。

諮商師：聽起來，未來充滿了希望。為了幫助你更順利完成夢想，這
裡有一個生涯彩虹圖活動和一份價值檢核表，讓我為你解
釋。

　　諮商師說明生涯彩虹圖的意涵（見附錄 3），與當事人討論從過去、現在到未來的角色有哪些，鼓勵當事人畫出自己的生涯彩虹圖。接著，指導當事人利用價值檢核表（見第四章），進一步思考自己的生涯彩虹圖的每個角色最重視的價值為何。

　　當事人：我現在瞭解你要我做這些的用意了，選擇的科系與未來的生活角色、重視的價值其實是不可分的，如今我更確定準備明年重考了。

　　諮商師：太好了，你把這些都放在一起思考。為你鼓勵打氣，開始出發吧！

　　以後諮商重點：檢驗當事人採取行動的成果，持續鼓勵其實踐。

第三節　社會學習論

　　社會學習論源自心理學的學習理論，John Krumboltz 認為生涯的選擇乃終生的歷程，而非偶發事件。個人的生涯選擇和發展經由其學習到的行為演出的透視，個人對自己生涯發展有能力學習有利的新行為。

　　Krumboltz 的社會學習論主要概念如下：

1. 影響一個人的生涯決定四類因素是：

　　(1)遺傳因素和特殊能力，可能影響或限制個人的學習經驗和抉擇的自由。

　　(2)環境的情況和事件，如求學和就業的經驗、社會政策、社會變

遷、家庭等因素，這些均非個人能控制，但對個人的學習和抉擇有重大的影響。

(3) 學習經驗（工具式及聯結式），包括學習理論中的工具式的學習和連結的學習。

(4) 任務取向的技能，是問題解決、工作習慣、心向、情緒反應、認知歷程等因素交互作用的產物。

2. 上述四種影響因素之間交互作用產生的結果為：

(1) **自我觀察的推論**：個人對自我表現的評估，包括興趣、喜好、工作價值等學習而來的結果，是生涯抉擇的重要關鍵。

(2) **世界觀的推論**：個人對外在環境與未來發展的評估，也是學習而來的經驗。

(3) **任務取向的能力**：個人從學習中培養的能力，如價值觀念的澄清、目標的決定、尋找不同的解決途徑、蒐集資料、預測未來發生的事、計畫等。

(4) **行動**：個人綜合各種學習經驗，對自我及環境的評估，以及學習的任務取向能力，而有導引自己發展的實際行動。

3. 個人從學習經驗中，可能發展出一些非理性信念，對於生涯抉擇和發展造成障礙，如以偏概全的推論、對失敗事件誇大的負面情緒或想法、先入為主的成見、狹隘的比較標準等。

4. 個人會將學習經驗和自我觀察類化到新事物的學習上，尤其經由正向增強和正向的角色模仿對象。

5. 生涯不確定是可以接受和正向的情況，且能激發經驗探索，以及創

造新學習的機會。

一、諮商目標

諮商師的重要任務是鼓勵當事人的生涯探索行為，評估和擴展舊的學習經驗，以及學習新技巧產生新經驗。其諮商的目標有：

1. 澄清和排除影響生涯抉擇和發展的非理性信念。

2. 教導做決定和其他任務取向能力。

3. 創造當事人行為的經驗正向增強之機會。

4. 創造當事人獲得正向的角色模仿對象。

5. 發展朝向自我選擇目標的適當生涯計畫之能力。

6. 幫助當事人接納不確定是正常的情形，並且藉之運用到學習新經驗。

Krumboltz（1983）進一步說明生涯諮商的八個步驟，如下：

1. 界定問題和當事人目標。

2. 尋求和獲得達成目標的共識。

3. 類化可能的問題解決。

4. 蒐集各種選擇的資訊。

5. 檢驗每一個選擇的結果。

6. 再評估目標、選擇、結果。

7. 做決定或選擇。

8. 類化做決定過程到新的問題上。

因此，社會學習論的諮商適用對象通常為：當事人需要的是澄清非理

性信念、學習新技巧或經驗，以及增進自我概念和實際的行動體驗。

二、諮商案例

諮商師：英華，你今天來找我的目的是⋯⋯

當事人：嗯⋯⋯我現在是大一學生，對所讀的科系沒有興趣，自己也不清楚對什麼有興趣，所以想請你幫助我，選擇一個自己喜歡的科系，等大學畢業後能從事這方面的工作。

諮商師：在你這個年齡階段，一些不確定是很正常的。不過，做學業方面的決定似乎有時間的壓力，你想需要什麼可以幫助你做決定？（**界定問題和目標共識**）

當事人：我需要許多有興趣工作的資訊，以及從事這些工作的專業。

諮商師：是的，這是解決問題的開始，以前你為什麼沒有去尋找這些資訊？

當事人：我對尋找這些資訊缺乏信心，所以想請你幫助我。

諮商師：我注意到你之前填寫的資料中，你對自己做決定的能力不太敢肯定。請告訴我，你過去做過什麼重要的決定，而且是成功的決定？你能想起一個印象深刻的例子嗎？（**探討過去經驗和可能的解決問題**）

當事人：我想我選擇現在就讀的學校，是做了一個很好的決定。

諮商師：理由是？

當事人：離家較近，交通方便，而且學費較便宜，而且大學學歷畢業比高中畢業好找工作。

諮商師：聽起來，你對自己追求的目標做了很好的決定。你當初是怎麼做決定的？

當事人：首先，我把離家一百公里的學校列了一個表，然後先排除一些私立學校，因爲學費較貴。我也排除了一些需要較高成績的學校。最後，選擇了兩所學校，我不僅上網看過他們的網站資訊，而且我還分別參觀過這兩所學校。喔，對了！我還請教過從他們學校畢業的校友。只是，讀了一陣子發現對所學的科系沒有興趣。

諮商師：這個決定的過程很不錯，你能將這選擇的過程運用到就讀科系的選擇嗎？（類化問題解決之道）

當事人：我想我可以做到，但是我對自己將來的職業沒有任何概念，只知道自己對文學和藝術方面有興趣。

諮商師：你有過接觸這方面的經驗嗎？

當事人：我從小就對寫作很有興趣，也曾經得過短篇小說和散文獎。

諮商師：這是蠻好的起點，談談你對藝術的喜好。

當事人：我高中時曾當過學校話劇社的社長，我覺得自己能從指導同學排練和演出過程中獲得很大的滿足，而且指導老師對我的表現稱讚有加，他說我有這方面的潛能。

諮商師：所以，從事這類的文學或藝術工作很吸引你，那你想過有什麼樣的工作符合你的興趣？

當事人：嗯，電影和電視的編劇，還有導演工作，不過我喜歡像一些名導演自己編劇，我不喜歡純當導演。

諮商師：那你對導演和編劇的工作性質和內容瞭解多少？你對那些導演如何成功的瞭解有多少？

當事人：我看過介紹他們的文章，但是對於導演和編劇工作的瞭解還是有限。

諮商師：你知道哪裡可以獲得相關的資訊嗎？

當事人：我曾經上網查過資訊，還有看過一些電影藝術的書，但都很粗淺。

諮商師：你願意再多做一些瞭解嗎？（**鼓勵蒐集各種選擇的資訊**）

當事人：我願意。我還可以找關係去認識一些現在在學或畢業工作的人，瞭解他們實際的學習或工作情形。

諮商師：那好，下次我們來討論你所蒐集到的資訊，一起來評估你有興趣的職業，以及未來可能的發展。

下次諮商重點：檢驗當事人蒐集資訊的成果，以及再評估目標、選擇和結果。

第四節　生涯建構論

近年來，建構取向的生涯理論愈來愈受到重視。建構論源自 Kelly（1955）的個人建構心理學，認為個人是透過自己所建構的一組透視鏡或版模來觀察世界，並試圖使之符合現實。R. V. Peavy 擷取 Kelly 的理念於 1992 年建立了「建構取向生涯諮商」（constructivist career counseling），強調

個人能經由自己所做的決定和所選擇的行動來建構意義。相較前述三個傳統理論，建構論認為個人面對生涯計畫的意圖、目標和決定，比起所謂的人格類型、自我概念或過去的學習等觀點，更具有其前瞻的意義。

Peavy 的生涯建構論強調諮商師面對當事人必須思考的四個問題：

1. 我如何能與當事人建立合作的同盟關係？
2. 我如何能鼓勵當事人幫助自己？
3. 我如何能幫助當事人慎思和評估與決定有關的建構和意義？
4. 我如何能幫助當事人重新建構個人的意義，並且與社會可接納的現實做協調？

上述第一個問題強調「關係因素」，它是幫助當事人界定未來方向的重要因素；第二個問題是「當事人因素」，諮商師要重視當事人的自我賦能（empowerment），並且願意對自己訂定未來方向和獲得有意義的生涯負責；第三個問題是「發展意義因素」，諮商師考慮可能幫助當事人建構自己生涯的技術或策略；第四個的問題是「協商因素」，諮商師幫助當事人在個人生涯建構與外在環境可能影響的人、事、物做協調。

一、諮商目標

1. 與當事人形成一個強力支援的關係，以強化他們的獨立性。同時，幫助他們從自己的意圖和建構裡，獲得充分的自我和工作世界的知識。
2. 增強當事人能力，願意承擔自我責任，以及擁有建構和執行個人有意義計畫的自我效能（self-efficacy）。

3. 幫助當事人針對現實分析個人建構（計畫），思考可能影響的內在因素或外在條件，進而修訂計畫。

因此，建構論諮商的適用對象通常為：當事人關注的重點是如何確立未來生涯方向和意義，或是受到外在環境的人、事、物的影響，使自己的個人生涯建構有衝突或不協調的問題。

二、諮商案例

諮商師：英華，你今天來找我的目的是……

當事人：嗯……我現在是大一學生，對所讀的科系沒有興趣，自己也不清楚對什麼有興趣，所以想請你幫助我，選擇一個自己喜歡的科系，等大學畢業後能從事這方面的工作。

諮商師：聽你的語氣，感到你有些焦慮？（察覺和同理情緒，建立同盟關係）

當事人：是呀，我已經二十歲了，我想儘快確定科系，而且希望早日畢業，從事自己喜歡的工作。

諮商師：你的意思是，如果早些確定科系會使你安心。

當事人：對啊，我看周遭很多同學好像都知道他們想要的，而我只是想讀一個自己喜歡的科系。

諮商師：我想沒有人能告訴你該怎麼做，因為你是最清楚自己要什麼的人，但我可以幫助你思考和計畫個人的生涯。（鼓勵自助）

當事人：我想你這裡一定有什麼測驗，可以幫助我確定。

諮商師：是的，我這裡是有一些幫助你瞭解興趣、能力和價值的測

驗，但是生涯計畫是更大的計畫。你說現在讀的科系是你不想要的，那你想要什麼？（引導思考個人建構和意義）

當事人：我喜歡文學或藝術方面的工作，我從小就對寫作很有興趣，也曾經得過短篇小說和散文獎。

諮商師：這是蠻好的起點，談談你對藝術的喜好。（增強自我效能）

當事人：我高中時曾當過學校話劇社的社長，我覺得自己能從指導同學排練和演出過程中獲得很大的滿足，而且指導老師對我的表現稱讚有加，他說我有這方面的潛能。

諮商師：從事這類的文學或藝術工作很吸引你，這與你現在讀的科系是很不同的兩條路？

當事人：所以，我要放棄現在的科系，我不想再浪費生命。

諮商師：浪費生命？這是很強烈的形容。

當事人：是的，我要做自己覺得重要的事。

諮商師：你所說的重要的事是……？（繼續引導思考個人建構和意義）

當事人：讀自己喜歡的科系，將來做自己喜歡的工作，

諮商師：做這類的工作可以讓你獲得什麼？比如說金錢、名聲、成就感等。

當事人：我認為金錢和名聲不能給人帶來快樂，滿足成就感是我最重視的。

諮商師：你想過什麼是你喜歡，而且是你認為重要的工作？（繼續引導思考個人建構和意義）

當事人：例如電影和電視的編劇，還有導演工作。

諮商師：那你對這些工作的性質和內容瞭解多少？

當事人：我瞭解一些導演和編劇的工作，但還是有限。

諮商師：你是怎麼瞭解的？

當事人：我看過一些電影藝術的書，但都很粗淺。

諮商師：那我們為什麼不開始學習蒐集相關的資訊，例如：上網蒐集
　　　　資訊，還有拜訪一些現在正在學習的學生，以及畢業後從事
　　　　這類工作的人（**鼓勵自我負責及增強自我效能**）。然後，我們
　　　　再來討論和分析他們的專業學習情形，更重要的是你喜歡他
　　　　們的生活是什麼情形。好嗎？（**引導思考個人建構與社會現**
　　　　實的協調）

當事人：好，我先上網蒐集資訊，同時我有高中同學在藝術學院舞蹈
　　　　系，問他一下是否認識戲劇或電影系的學生。

諮商師：好極了，下次我們來看看你的進展。

　　下次諮商重點：檢驗當事人的進展，以及探討個人建構（想像的計畫）
和社會現實（實際的現況）之間的協調性。

CHAPTER 03

生涯諮商的基礎

　　生涯諮商是心理諮商的一種，除了一些特殊的的技術外（以後各章將陸續介紹），其基本的技術與心理諮商的技術並無不同。如同心理諮商一樣，生涯諮商需要諮商師與當事人建立良好的諮商關係，因為諮商關係是所有技術的基礎，是需要在實際的諮商活動中不斷創造和增進的，並且貫穿於諮商開始至諮商結束的整個過程。

　　因此，本章首先闡述的是影響諮商關係的重要因素。其次，介紹一些有助於諮商師與當事人建立良好諮商關係的基本技術，而這些技術對於當事人的問題解決和目標達成也是相當有效的。同時，為了更好的瞭解和學習應用這些技術，將以一些例子來說明每一種技術的用法，以供學習者參考。最後，特別介紹一些生涯諮商中屬於較難處理的當事人，因為這些當事人的諮商是不情願或非自願的，這對諮商關係的建立是一個很大的挑戰，值得探討其背後的原因，以及如何去面對和幫助這些非自願當事人的諮商原則。

第一節　建立諮商關係

　　雖然心理諮商的各理論和學派會使用不同的辭彙描述諮商關係，如助人關係、同盟關係、工作關係等，但他們都肯定了諮商關係是幫助當事人解決問題的基礎。如果諮商師與當事人建立起了良好的諮商關係，不僅可以幫助當事人發現自己可依賴的優點，重新建立自信，以及可以指導當事人切實的運用個人的能力（Bohart & Tallman, 1999），而且更有利於諮商師和當事人之間的溝通、瞭解和澄清當事人的問題（Amundson et al., 2005）。所以，諮商關係不僅僅是建立於諮商的初期，而是貫穿在整個諮商的全程，也是諮商師扮演重要角色必不可少的管道。

　　談到諮商關係，必須提及個人中心治療法的創始人 Carl Rogers，因為他可以說是眾多學派中最重視諮商關係的人。1957 年他就提出了心理諮商與治療的關係之要素，為真誠與溫暖、尊重與接納，以及同理的瞭解。所謂「真誠與溫暖」指的就是，諮商師在諮商中真實地表現出自己的真實感受，並且通過溫暖的態度、語氣和表情，對當事人傳遞關心。「尊重與接納」則是諮商師相信當事人與生俱有的價值與潛能，並有能力在諮商中表達這種信任，讓當事人感受到積極、正向的肯定和鼓勵，從而激發他們內在的能力，為自己的成長、改變、目標訂定、做決定與最後的解決問題負起責任。而「同理的瞭解」則是諮商師有能力與當事人同感，而非單純地為他感受。它是一種從當事人的參考架構，去瞭解其感受、想法、意見與經驗的能力。諮商師必須能進入當事人的世界，瞭解組成這個世界的各個

層面，並能將這種資訊傳遞給當事人，讓當事人知道自己的敘說得到了真正的傾聽和接納。

一、同理的傾聽

Rogers 還特別強調了諮商師必須通過「傾聽」（listening），對當事人表達真誠與溫暖、尊重與接納以及同理的瞭解。而傾聽與我們一般的聽（hear）有所不同，Egan（2002）把一般的「聽」分成以下四種：

1. **聽而不聞**：諮商師雖然表現出了聽的模樣，但是並沒有真正投入的在傾聽。

2. **部分的聽**：諮商師對當事人的敘說只是選擇性的聽，聽到了一些片段，卻不能瞭解當事人問題的全貌，而且容易斷章取義。

3. **錄音式的聽**：雖然諮商師聽著當事人所說的每一句話，但心思沒有放在當事人身上，因此只聽見當事人說的表面話語，但對當事人話裡的真正涵義卻難知悉。

4. **複述**：因諮商師不明白當事人想要表達的意涵，於是只能不斷地複述當事人的話語，使當事人感覺自己的敘說不能被傾聽，以致可能停止繼續表達。

上述除了「聽而不聞」談不上是聽之外，Egan 更指出諮商師可能受限於自身的成長背景、家庭經驗以及文化教育等因素，在聽的過程中表現出部分的聽、錄音式的聽或複述，只會對當事人的問題產生不完整的認知，甚至錯誤的認知，進而形成不適當或無效的諮商目標及技術，因此對當事人的幫助受到限制，甚至影響當事人再來諮商的意願。

　　而有別於上述的四種聽，Egan 強調同理的傾聽（empathic listening）是最恰當的聽，也就是諮商師能夠通過全神專注的觀察當事人的神情以及傾聽當事人的敘說，投入到當事人的世界中去，逐漸瞭解當事人想要表達的意涵，並且做出適當的回應。因此，同理的傾聽可以說是所有諮商師必須學習和培養的基本技能和態度。

二、被看重的知覺

　　與同理的傾聽相輔相成的另一個重要條件，則是 Amundson 等人（2005）強調的「被看重」（mattering）的諮商氣氛。所謂「被看重」，是一個人覺得自己很重要以及被尊重的主觀感受，而這種「被看重」的感覺是諮商關係中的主要成分。他們認為在諮商中被看重的程度分為四個層次：最初的層次是基本的視覺上的注意，如當事人希望當他一進諮商中心時，能被接待人員或諮商師注意到；第二個層次是當事人不只被注意到，而且能真正感覺到自己是安全和重要的，如在諮商中不僅是傾聽當事人說話，而且表情動作也呈現友善和關心；第三個層次是讓當事人覺得自己前來諮商不僅是獲得幫助，而且也能有機會幫助他人。雖然這種情形在團體諮商中較易有機會表現和分享，但在個別生涯諮商時也可以鼓勵當事人自助後而助人；最高層次的被看重，則是當事人覺得自己與諮商師已經超越了個人和專業的關係，諮商師是在真誠地關心著他們的困惑和幸福。

　　Amundson 等人（2005）更進一步提出對當事人全方位的「被看重」之表達和行動，他們用英文的「請」（PLEASE）一字來說明被看重的表達方式：

P：**保護**（protecting），提供當事人自我探索時的安心和安全。

L：**傾聽**（listening），願意花時間聽當事人說故事，專注其故事後的感覺。

E：**探究**（enquiring），通過提問和澄清，表達對當事人生命的興趣。

A：**體會**（acknowledging），以語言和非語言行為來表達對當事人的關心。

S：**支持**（supporting），以正向的態度和行為給與當事人鼓勵和肯定。

E：**交流**（exchanging），在適當的時機和當事人真誠的分享自己的經驗。

被看重的感覺不僅存在於諮商師和當事人之間，也存在於諮商師與諮商機構之間。當諮商師被管理機構看重，諮商師也自然看重當事人。增加當事人被看重的感覺方法之一，就是改進諮商師的工作氣氛，因為當諮商師對自己和工作環境感覺好，他們才會將被看重的感覺傳遞給當事人。

第二節　諮商的基本技術

誠如上述，真誠與溫暖、尊重與接納和同理的瞭解之諮商態度，以及讓當事人感受到被看重的諮商氣氛，都是諮商的重要前提。然而，光是具備了態度和氣氛是不夠的，諮商關係必須靠一些基本技術來實踐。下文中，我們將介紹一些諮商的基本技術，並且模擬諮商師與當事人的對話例子說明這些技術的用法，供學習者參考。在介紹和說明之前，需要提醒的是，要正確和恰當的運用這些技術，需要長期的練習和經驗的累積。有一

些在本質上頗相近或相似的技術，則需要有彈性地穿插及交互運用，以及連結和整合運用，切勿一味地使用單一技術或過度使用少數幾個技術，這會使諮商過程變得機械呆板、沉悶無趣，導致諮商效果大打折扣。

一、身體語言的表達

　　一般人總是認為，人際交流中最重要的是語言溝通。事實上，研究顯示非語言溝通在人際交流中的比例占 70 ％以上，不僅比語言溝通重要，而且非語言的表達往往比語言的表達更真確。非語言溝通又分為身體語言和副語言，身體語言如五官表情、姿勢動作等，而副語言如說話的音量、速度等。在諮商中，諮商師的身體語言尤其重要，因為是最先及最能反應出諮商師的真誠與溫暖、尊重與接納及同理的瞭解。例如：面對當事人說話時，眼神不斷注視表示關心、點頭或微笑表示理解或體會、傾身側耳表示投入等。身體語言的表達方式不止於這些，也會因人而異，無法一一描述。根據筆者的實務經驗，重點是當諮商師「心理專注」時，不僅能自然地做出上述幾個基本表達，而且會表達得更豐富和精彩。

二、重述

　　重述就是諮商師重複當事人所說的整句話或關鍵字。諮商師就好似一面鏡子，將當事人所表達的想法和感受反射回去，讓當事人重新思考自己剛才所說的涵義，並加以說明、確認或修正。通常，諮商師重述的話語是以問號收尾，如下二例：

〔例一〕

　　當事人：我不知道我為什麼會選讀這個科系，當初就是一個錯誤選擇。

　　諮商師：你不知道你為什麼會選讀這個科系，當初就是一個錯誤選擇？（**重複整句話**）

　　當事人：嗯，當初也是自己選擇的，只是沒想到讀了以後才發現自己沒興趣。

〔例二〕

　　當事人：我覺得自己能力不夠。

　　諮商師：能力不夠？（**重複關鍵字**）

　　當事人：其實也不是，可能是信心不夠。

三、簡述語意

　　諮商師按照自己理解的意思和語言，將當事人的想法與感受簡要地反映出來；換言之，就是諮商師將當事人的表達改成自己的語言。因此，簡述語意也稱為「改句子」。

　　簡述語意可以讓當事人重新思考自己剛才所說的涵義，並進一步加以說明、確認或修正。如上述重述的例子，簡述語意的用法例子如下：

〔例一〕

　　當事人：我不知道我為什麼會選讀這個科系，當初的決定似乎就是錯誤的。

諮商師：你覺得自己當初選錯了科系？

當事人：嗯，當初也是自己選擇的，只是沒想到讀了以後才發現自己沒興趣。

〔例二〕

當事人：是呀，我已經二十歲了，我想儘快確定科系，並且希望早日畢業從事自己喜歡的工作。

諮商師：你的意思是，如果早些確定科系會使你安心。

四、澄清

與重述和簡述語意相近的另一技術是澄清，其意為諮商師請當事人進一步說明或解釋所表達的意思、想法或感受。澄清也是幫助當事人重新思考自己剛才的表述，並進一步表達其真正的涵義。澄清的用法例子如下：

〔例一〕

當事人：我覺得自己能力不夠。

諮商師：你說你覺得自己的能力不夠，是什麼意思？能說得清楚些嗎？

〔例二〕

當事人：我父母希望我將來能出人頭地，我恐怕會讓他們失望。

諮商師：你父母認為你將來要如何，才是出人頭地？

五、具體化

與澄清有些類似的是具體化，其區別是：澄清大多是針對當事人表述中的某些字詞的再瞭解，而具體化則要求當事人對自己問題的敘說給與具體的描述或舉例說明，特別是在當事人的表達是一些抽象的形容或不完整的敘說時。當事人在嘗試描述經過或舉例說明中，就會把自己的想法和感覺重新進行整理，使之更清楚、更具體的表達自己的意涵。這樣，不僅能幫助當事人澄清模糊話題、聚焦於特定問題，而且能幫助當事人思考這些問題的原因，甚至可能發現解決問題的方法。具體化的用法如下二例：

〔例一〕

　　當事人：我覺得自己的聰明程度不如同學，再怎麼努力念書，成績都
　　　　　　不如他們。

　　諮商師：你所說的成績是指每一門專業科目嗎？

　　當事人：喔，不是的，只是在兩門重要的專業科目上。

〔例二〕

　　當事人：我覺得同學都會討論他們將來要做什麼。

　　諮商師：是否能請你說清楚一點，你聽到他們怎麼說，經過情形是
　　　　　　……？

六、摘要

摘要是諮商師在與當事人進行談話之後，對其重要的內容及資訊進行

整理和強調，這樣，也可以讓當事人有機會看到自己諮商時，提出來討論的各種議題和問題。摘要不但能為當事人與諮商師提供曾經做過哪些討論的回顧，而且能利用此回顧來訂定諮商目標和談話的優先順序。摘要不一定都由諮商師來做，有時也可請當事人自己做心得回顧和談話內容整理。摘要的用法例子如下：

〔例一〕

　　諮商師：今天我們談了很多，讓我們來回顧一下我們所討論的一些內
　　　　　　容，並且計畫下一次要討論的主題。在我印象裡，你決定改
　　　　　　念自己喜歡的科系，希望將來能從事文學或藝術方面的工
　　　　　　作。還有，你也準備去認識和接觸從事這方面的人，無論是
　　　　　　在學的或者已畢業工作的，瞭解他們的學習或工作情況。我
　　　　　　是否有遺漏些什麼？

　　當事人：你沒有提到我需要找時間和父母溝通，我認為這點是重要
　　　　　　的。

　　諮商師：很好，我們現在有一個清楚的方向，你認為我們下一週應從
　　　　　　哪裡開始討論呢？

〔例二〕

　　諮商師：我們談話的時間差不多到了，最後，請你對今天的談話內容
　　　　　　說說你的想法？

　　當事人：透過今天的交談，我確定了自己將來想要從事的行業。現
　　　　　　在，我不必勉強去讀我沒有興趣的科系，而且我已沒有像來

之前那樣的焦慮了，我有信心去準備重考。

七、反映內容和感受

反映內容就是諮商師針對當事人表達的一些想法（內容）與情緒（感受），給與相應的回饋。藉由這些的回饋，諮商師可以瞭解和分享當事人的想法和感受，爾後又通過當事人的應答，來反映諮商師的觀點。而反映感受則是諮商師針對當事人語言背後的感受或情緒做反映。反映內容和感受的用法分別舉例如下：

〔例一〕

當事人：我知道我自己想要的是什麼，但現在卻是不同的方向。

諮商師：你很清楚自己想要的是什麼，但你覺得目前卻走向了相反的方向。（反映內容）

當事人：走？我覺得是「被迫」，這樣的描述比較符合我現在的情形。

諮商師：能不能具體的多說一點這種被迫的情形？

〔例二〕

諮商師：我感覺到你害怕改變，尤其是太大的改變會讓你感到很焦慮，是嗎？（反映感受）

當事人：不只是感到焦慮，我還感到孤獨無助。

諮商師：多談談你的焦慮和孤獨無助的感覺，好嗎？

八、知覺檢核

諮商師將諮商中接收到或理解的諮商資訊和內容，請當事人確認，這就是知覺檢核，其目的是為了強化當事人的信心和決定。但有的時候，諮商師對當事人的談話、想法及感受的理解和感知不一定完整和正確。因此，知覺檢核也可以讓當事人做些補充或修正。知覺檢核的用法例子如下：

〔例一〕

> 諮商師：我試試看是否瞭解你所說的，你的興趣很廣泛，自己也不太確定喜歡什麼。我說的對嗎？
>
> 當事人：我的興趣是很廣泛，但我還是比較喜歡文學和藝術。
>
> 諮商師：好極了，談談你對文學和藝術方面的喜好。

〔例二〕

> 諮商師：到目前為止，你已很確定了自己想要的是什麼，是嗎？
>
> 當事人：是的，我會朝這個方向去努力。
>
> 諮商師：讓我們來談談今後的計畫，你的第一步準備做些什麼呢？

九、探究

諮商師蒐集與當事人問題有關的特殊資訊，讓諮商師對當事人有更深層的研究，特別是搜尋那些能對當事人的進步有重要作用的領域之資訊。探究的用法如下二例：

〔例一〕

　　當事人：我好像聽到我的內心在說話。

　　諮商師：哦，你內心在說話？它說些什麼？

　　當事人：我想那是自己想要追求未來幸福的聲音，聽起來就像告訴我
　　　　　　現在不快樂。

〔例二〕

　　諮商師：那你想過有哪些行業屬於這一類的？

　　當事人：嗯，電影和電視的編劇，還有導演工作，不過我喜歡像一些
　　　　　　名導演那樣能自己編劇，我不喜歡當純導演。

　　諮商師：那你對導演和編劇的工作性質和內容瞭解多少？你對那些導
　　　　　　演是如何成功的瞭解多少？

　　當事人：我看過介紹他們的文章，但是對於導演和編劇工作的瞭解還
　　　　　　是很有限。

十、引導

　　諮商師使用一些簡短的語言，如「嗯，我瞭解」、「然後呢」、「你能
多說一點……」、「你的意思是……」、「你是怎麼知道的？」等，鼓勵當
事人做更深的探究，有助於當事人有更多的自我瞭解。引導的用法如下二
例：

〔例一〕

　　諮商師：你說你父母對你有很高的期望，但你並沒有告訴我你父母對
　　　　　　你的期望是什麼？你可否談談這個部分？

　　當事人：他們希望我在這個專業領域好好的努力，畢業後能找到一份
　　　　　　有前途的工作，將來能夠出人頭地。

〔例二〕

　　當事人：是的，我要做自己覺得重要的事。

　　諮商師：你所說的重要的事是……？

十一、提問

　　諮商師可以用提問的方式來獲得當事人的重要資訊，也能讓當事人掌控自己想要表達的意思。提問分為開放式提問和封閉式提問，封閉式提問通常多為「是否」、「對錯」、「好壞」等問話方式，當事人的回答自然就會很少，或以搖頭、點頭的方式來回應。如果諮商師想讓自己的提問能夠獲得當事人更多的資訊，則宜多使用開放式提問。開放式提問是將責任放在當事人的身上，讓他們對想要分享的資訊擁有某種程度的掌控權。提問的用法如下二例：

〔例一〕

　　當事人：我想過上週我們所談的內容，我覺得自己應該設法改變。

　　諮商師：那你告訴我，你認為應該改變什麼？

　　當事人：我應該去面對現實，不能再這樣逃避了。

　　諮商師：你能否再多說一點，不能再逃避什麼？

當事人：我覺得自己過去碰到一些事時總是逃避做決定，比如說……，
　　　　我想自己有些逃避改變的心理，就像高中時……。

〔例二〕

當事人：我對文學或藝術很感興趣。

諮商師：你想過什麼樣的工作符合你的興趣？

當事人：嗯，電影和電視的編劇，還有導演工作，不過我喜歡像一些
　　　　名導演那樣能自己編劇，我不喜歡當純導演。

諮商師：那你對導演和編劇的工作性質和內容瞭解多少？

　　到目前為止，上述的這些技術都是根據當事人的敘說、想法和感受來做反應，以同理的瞭解而言，這只是屬於初層次同理。1998 年 Egan 將同理區分為初層次同理和高層次同理。初層次同理是瞭解、澄清當事人表達的表面情緒和意義，如上述的那些技術；而高層次同理則是瞭解、澄清當事人未察覺到或隱而未現的真正想法或感受。高層次同理的運用通常在諮商的中後期，即在諮商師和當事人已經建立了良好的諮商關係以後。因為高層次同理可能對當事人造成一定的威脅性和衝擊，除了把握好使用的時機外，使用時也要做到態度謹慎和表達委婉。

　　以下介紹四種屬於高層次同理的基本技術：

一、描述身體語言

　　諮商師除了可以反映當事人的想法和感受外，還可以針對當事人的身體語言做描述。要注意的是，不要把每一個細微的身體動作做過度的形

容。諮商師的目的是從當事人的表情或動作中找出和確認與他們的語言相一致的內容，以進一步澄清說話的真實涵義。描述身體語言的句子通常以問號收尾，如：

當事人：你是對的，我並不確定這是我自己所要的。

諮商師：我注意到你說這話時，臉上表情好像很無奈，我的觀察對嗎？

當事人：（微笑）我對自己所讀的這個科系感到厭煩，我不喜歡自己就這樣勉強的讀下去。

諮商師：我注意到好幾次當你談到對你目前所讀的科系厭煩、勉強或不喜歡時，你會微笑。這些微笑代表什麼意思？

二、面質

面質是諮商師在面對當事人出現了前後言語相互矛盾或言行不一致時，以一種真誠的態度回饋給當事人，用這種直接的回饋來幫助當事人思考和洞察自己的矛盾或不一致，讓當事人瞭解自己在別人心中的看法。運用這個技術對於當事人是一種挑戰，因此諮商師的態度和語氣宜親和婉轉。面質的用法也常以問句收尾，如：

〔例一〕

當事人：我覺得自己是一個特立獨行的人，不在乎別人的看法。……（一段敘述後），當同學說怎麼連我都考不好時，我聽了很生氣。

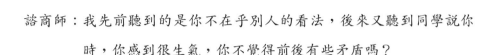

諮商師：我先前聽到的是你不在乎別人的看法，後來又聽到同學說你時，你感到很生氣，你不覺得前後有些矛盾嗎？

〔例二〕

諮商師：我聽到你的話，感覺到你心裡所想的和實際行動好像不一致，你覺得呢？

當事人：嗯……，是有一點，我心裡總是猶豫不定，害怕實際去做會失敗。

三、立即性

立即性就是處理在當下諮商關係中產生的問題，如當事人對諮商師的憤怒、諮商師對當事人感到的挫折、當事人與諮商師雙方的感覺不良等。在良好的諮商關係中使用這個技術處理這類問題，可以讓當事人明白在問題出現時，立刻進行處理的好處。立即性的運用，不但能幫助當事人消除疑慮，「弄清整個狀況」，並且還有助於當事人的自我成長，且可以此領悟運用於諮商外的人際關係中。立即性的句子通常亦是以問號收尾，如：

〔例一〕

諮商師：我感覺到你不太信任我？（**察覺到彼此的關係**）

當事人：嗯……，我對我們這種關係是有一點不信任。

諮商師：你在生活中對其他人也是這樣嗎？

當事人：對有些人是這樣。

諮商師：你能談談如何信任一個人？（**繼續引導或探究**）

〔例二〕

諮商師：我剛才說的話好像讓你感到生氣，而且也有點受傷的感覺。
（察覺到當事人異樣表情）

當事人：你剛才說的話的確讓我感到受傷，也有點生氣，我確實為自己的做法感到慚愧，但我不喜歡你這麼說。

諮商師：我很高興你能真誠地說出自己的感覺，這能使我們的關係更加的和諧，使我對你的幫助更加的真誠。（以正向的態度反映）

四、自我揭露

諮商師與當事人就談話的主題或有關的內容，分享一些自己的感受、想法與經驗。自我揭露對諮商關係可能同時具有正向與負向的影響，從正向的觀點看，它有可能為當事人樹立一個自我揭露的典範，或是幫助當事人對現有問題獲取不同的看法；從負向的觀點看，自我揭露很可能將重心放在諮商師的議題，而非當事人的問題。所以使用時必須審慎評估它可能造成的影響。要做選擇性的分享時，儘量以簡單精要的陳述為宜。如能正確使用這個技術，能促使諮商關係進展到更深層的交流。自我揭露的用法如下二例：

〔例一〕

當事人：如果你是我的話，你會怎麼做？

諮商師：我碰到的情況與你不太一樣，但如果是我的話，我會先去⋯⋯

然後，⋯⋯（簡要表達自己的看法），我的經驗僅供你參考，

你覺得如何？

〔例二〕

當事人：你以前有過這樣自己的興趣與能力不相符合的衝突嗎？

諮商師：我自己沒有這種經驗，不過在我幫助過的學生當中有不少與

你情形類似，其中有一個與你的情形很類似，他是⋯⋯（簡

要描述故事）。跟他談了幾次話，後來他⋯⋯。聽完他的故

事，你有什麼想法嗎？

第三節　對非自願當事人的諮商

在生涯諮商中，可能會碰到如一般心理諮商那樣所謂的非自願當事

人，這些當事人常顯現出對諮商幫助的抗拒、防衛或不合作等情形，使得

諮商關係無法順利建立，而且也容易造成諮商師心理的挫折，甚至放棄諮

商。其實，這些當事人表面上對諮商的態度似乎是拒絕或不情願，但事實

上他們來訪的背後都有其原因或理由，如果輕易地將他們貼上非自願的標

籤，不僅對他們不公平，而且還會錯失真正幫助他們的機會。因此，諮商

師必須先對這些非自願當事人的內心世界有所瞭解，然後再根據一些諮商

原則來化解他們的心結，進而建立和增進和諧順利的諮商關係。

一、非自願當事人的內在原因

Amundson 等人（2005）認為，一般非自願當事人的情形有以下六種原因或理由：

1. **對諮商感到害怕**：大多數非自願當事人之所以不情願接受諮商，只是單純的對諮商的意義和過程感到陌生或不熟悉，如有的人對任何親近的關係都較謹慎；有的人則誤以為來諮商就是被諮商師分析和評價；而有的人則擔心自己談話的內容會被洩漏出去。無論是何者，在諮商初期，諮商師都需要與當事人交流和討論他們對諮商的瞭解和期望，並且能介紹和討論一些諮商師和當事人在諮商過程中的角色和責任，這對順利的建立諮商關係是很有幫助的。

2. **否認問題或責任**：有些人認為尋求諮商，就是表明了自己的軟弱，就是承認了自己有問題，因此常常以自己過得很好而不肯開放地分享內心的困擾，企圖掩飾或否認自己有問題。有時，這也是一種不願對自己的問題負責或不願切實解決問題的曖昧態度。如果一個人不承認自己的問題，我們是很難幫助他的。要突破這種心防別無他法，最好的解決辦法就是時間，一段建立信任關係的時間。此外，生涯諮商較心理諮商有利的一點是，話題通常都是從生涯角度談問題，較少直接涉及個人隱私。

3. **之前的負向經驗**：有些人曾受過不好的諮商經驗影響，如對某個諮商師或諮商機構的行為產生反感。所以，對這些當事人而言，任何形式的諮商都容易勾起他們不好的回憶。此時，諮商師必須以寬容

的胸懷來面對這些當事人，如向他們說明自己諮商時可能進行的過程和方式，並可與他們討論將進行的諮商與過去的諮商相似和相異之處。

4. **混亂的負向情緒**：有些人會因考試失敗、找工作不順利或失業等事件而產生各種各樣的負向情緒。在初期，可能出現拒絕別人關心和安慰的強烈反應，以及在表面上裝出無所謂或冷漠。之後，巨大的內心失落感會給當事人帶來震驚、憤怒、擔憂、害怕、沮喪或焦慮等情緒，通常是多種情緒混雜在一起，而且這些情緒會自然而然地帶入諮商關係中。遇到此種情形，諮商師首先要做的是同理他們的情緒，然後根據過去的諮商經驗說明這些情緒是大多數人都會有的反應，讓當事人明白自己產生這些負向情緒是很正常的。

5. **其他利益考量**：有些人不情願接受諮商的原因是基於現實的考量，他們擔心諮商的結果會讓他們失去眼前的利益，如得不到失業補助、生活津貼、獎學金或接受教育、他人的社會支持等等。此時，諮商師除了接納他們的現實利益的考量之外，還須真誠地與當事人討論他們應有的權利和義務。

6. **被強制參與**：有些人迫於外在的強制力量而來接受諮商，如子女被父母強迫、學生受到校方或導師要求、罪犯因法院規定等等。不難想像，這類人來諮商是「心不甘、情不願」的，因為他們會誤以為諮商師如同強迫他們來諮商的那些人一樣。此時，諮商師仍然要以尊重的態度與當事人溝通，讓當事人感到自己並非是被強迫來接受諮商的，並有如前述提到的「被看重」的感覺。

二、對非自願當事人的諮商原則

面對不情願或非自願的當事人，以下整理一些學者的觀點，歸納出四個基本諮商原則如下：

1. **非防衛性的開放討論**：首先最重要的是，容許或給與當事人一段時間進行不滿情緒的宣洩，同時鼓勵他們真誠、開放地說出自己的感受。諮商師要持以尊重、支持的態度，在諮商之初，就明白、清楚地向當事人說明諮商服務的內容，並允許當事人有彈性地選擇一些自己想談的話題；但是，必須把握和遵守保密與尊重的界線（Carroll, 1998）。

2. **同理**：許多人之所以不情願來諮商，是由於內在的強烈情緒所致，此時，當事人特別需要用同理（empathy）之心來理解和接納這些情緒。當諮商師運用同理時，會讓當事人更瞭解和欣賞諮商（Baker, 1999; Tretheway, 1997）。運用這種技巧最重要的是要做到尊重（非施惠），並將他們的這些情緒反應視為正常的反應。

3. **角色和責任的說明**：大多數的當事人都不瞭解諮商專業有關的角色和責任，在這種情形下，諮商師有義務向當事人澄清和說明雙方在諮商過程中的權利和義務、角色和責任，並對當事人的期望作客觀的解釋，這對諮商效果是很有幫助的（Mahrer, Murphy, Gagnon, & Gingras, 1994; Newman, 1994）。為諮商師提供諮商當事人的正確資訊和澄清其錯誤觀念，是建立良好諮商關係的關鍵。

4. **陪伴走一程**：諮商時，諮商師應該盡可能的與當事人溝通和說明自

己在諮商過程中扮演的是一個支持者的角色（Bischoff & Tracey, 1995）。雖然，諮商師為了有效的幫助當事人，難免會有掌控諮商過程的情況，然而，生涯諮商應該具有對每一個當事人給與鼓勵和支援的功能。生涯諮商師需要開放地對當事人說明自己每個作為的意圖，並且嘗試瞭解當事人的立場和觀點。

CHAPTER **04**

探索生涯問題

　　諮商師與當事人建立了初步的諮商關係後，諮商的重點就必須移轉到探索當事人的生涯問題上，因為建立諮商關係是生涯諮商的基礎，而探索生涯問題才是生涯諮商的第一步。

　　當事人現在的生涯問題不僅受到過去經驗的影響，而且會影響到他們未來的發展。尤其是面對未來，一方面會讓當事人有迫在眉睫的危機感，若不立即給與解決或採取行動，勢必會使目前的情況出現惡化，也有可能使未來的情形更糟糕，如工作上的不適應、學業的成績不佳等。而另一方面，未來的生涯問題又讓當事人有遙不可及的感覺，因為未來會發生什麼變故，這是誰也不可預知和難以掌控的，如所學專業的發展、工作選擇的前途等。

　　所以 Cochran（1994）認為，生涯問題就像實然（what is）與應然（what ought to be）之間的一道鴻溝（gap），所謂實然指的是當事人現在的實際狀況，而應然則是當事人所期望的未來情形。一些當事人敘述自己的生涯故事，形容自己有如站在現在要往何處去的十字路口上。因此，諮商師的角色就是做一座橋樑、一個協助者，幫助當事人從「實然」出發，從

「應然」著眼，順利地跨過這道鴻溝（Cochran, 1997）。

本章首先介紹一些常用的探索生涯問題的技巧，繼而透過類比的範例來說明這些技術的運用，最後為諮商師提供一些，在諮商過程中可能掉入的陷阱以及對應的策略，做為對諮商師探索生涯問題的提醒。

第一節　探索問題的技巧

在生涯諮商時，有些當事人能清楚自己的目標和問題，並且能具體地表達出來，例如他們會做如下的敘述：「我想在自己專業之外，再培養一門外語能力。」「我希望自己的學業課程和社團活動能保持平衡發展。」「我要通過××專業執照考試！」等。對於這類當事人的生涯諮商，諮商師只需要幫助他們訂定具體的計畫和採取有效的行動就可以了。

然而，大多數當事人常常不能具體地描述自己的問題，並且他們說詞也是含混不清，他們可能的表達如：「我不知道自己能做什麼？」「我想找個自己喜歡的工作。」「我擔心自己將來的出路！」等。對於這類當事人的生涯問題，諮商師則需要用一些時間去蒐集和瞭解他們的相關資訊，幫助當事人澄清和整合自己的問題，進而再訂定具體的目標，進入問題解決的計畫和行動的階段。

探索生涯問題有許多可運用的技巧，我們在第三章介紹的一些建立諮商關係的技術，如重述、簡述語意、具體化、摘要、反映內容和感受、引導等，依然可以運用在探索生涯問題的諮商上。下面介紹的這些探索生涯問題的技巧，既可以針對當事人的諮商目的和具體問題單獨使用，也可以

結合前述的技術一起運用。

一、開放式問句

　　探索生涯問題的目的，是幫助當事人看清自己的問題，因此諮商師對當事人問題的理解，都要從當事人的角度出發。換言之，即換位思考，諮商師站在當事人的立場上，用他的眼睛看他的世界。

　　在交談時，儘管不少當事人的表述不清楚，但都願意談論自己的問題。此時，諮商師只需鼓勵他多說一些，引導的話語多是開放式問句，如「你今天來這裡的目的是……？」「你希望我給你什麼樣的幫助？」「你感到很困惑，這種感覺是因為……？」等。這些開放式問句能夠引導和幫助當事人提供更多有用的資訊，並且能增進彼此信任的諮商關係。

　　談話的同時，諮商師還要注意觀察當事人的一些非語言行為，如眼神、臉部表情、身體動作等。尤其是對那些不善用語言表述和溝通的當事人來說，他們的非語言行為就格外的重要。在諮商的初期，最好避免單刀直入地直接問「為什麼」之類的話，因為這樣的提問很容易引起當事人的防衛。

　　隨著交談的進行，當事人可能需要諮商師進一步協助他們澄清問題，此時諮商師可使用開放式問句對當事人進行詢問，如：「你的這種經驗很特別，能多談一些嗎？」「告訴我當時更多的感受……。」「我不知道你說的是否為……？」等。此外，向當事人提問一些與重要他人的關係、學習的實際情況或工作的經驗等話題，也可以更清楚地瞭解當事人的問題。

二、為什麼是現在？

在諮商的初期，諮商師瞭解是什麼因素讓當事人在此時來尋求協助，是一個很好的談話開始。 Budman 和 Gurman（1988）提出，在短期諮商中常運用的一個技巧是：「為什麼是現在？」（why now），這個技巧有助於澄清當事人問題的性質，以及評估當事人前來諮商的動機。

運用此技巧並非就是直接問當事人「為什麼現在才來尋求諮商」之類的問句，這樣的提問如同前述直接問「為什麼」一樣，容易引起當事人的防衛。因此，「為什麼是現在？」的提問需婉轉一些，參考的問話如下：

「你的這個（些）困擾（問題）已經出現很久了，是最近變得更嚴重了嗎？還是你試過的解決方法都無效？」

「聽你的意思是你並不想來，而是關心你的父母（老師、朋友）要你來，他們的想法是什麼？」

「你這個（些）問題影響到你的工作（生活）了嗎？它是怎樣影響的？」

三、限制性陳述

「限制性陳述」（constraint statement）是一個能讓當事人在描述自己的問題時，聚焦重點的有效方法。 Patsula（1992）建議諮商師可以指導當事人用簡短的句子，同時表達自己的問題和原因。當事人陳述的句子，必須包括描述困難或問題，以及他自己認為的可能原因或理由，如：

例一：我不清楚有什麼適合自己的科系，因為我有許多的興趣。

例二：我無法做決定，因為我不知道做怎樣的選擇比較好。

例三：我對自己的前途感到茫然，因為不知該從哪裡著手。

例四：我不知道如何寫履歷表，因為我從來沒有這個經驗。

如為上述例一和例二當事人的陳述，諮商師還要繼續對當事人的主要興趣和做不同選擇後利弊的比較等資訊，做更深入的瞭解。而在例三和例四當事人的陳述中，已隱約地提供了諮商的方向或目標，諮商師只需稍加澄清和確定，即可直接進入生涯規劃或採取行動，如鼓勵和教導當事人進行生涯規劃、幫助當事人學習寫履歷表等。

四、生涯比喻

比喻（metaphors）是探索生涯問題一個很有力的工具，不僅能幫助當事人透視問題，而且能改變當事人對自己問題的看法。有的當事人會用一些比喻來形容和想像自己的生涯，而有的當事人則需要諮商師的鼓勵和啟發引導其想像。在生涯諮商中，當事人常用的比喻如：登山越嶺、爬階走梯、漫遊迷宮、森林找路、逆流泛舟、大海航行等。

如果有需要，諮商師還可以引導當事人從一個比喻到另一個比喻，Combs 和 Freedman（1990）指出，經由多種的比喻可以增進當事人的創造力和彈性。

筆者參考 Inkson 和 Amundson（2002）介紹的一些生涯比喻，舉例說明如下：

1. **旅程**：將生涯視為從一個地點出發前往目的地的路途，如搭車、走路、行船、泛舟、騎馬等。

2. **傳承**：形容生涯是繼承家族事業，如祖傳的農地、師傳的手藝、家族的生意等。

3. **適配**：將個人與外在工作世界視為一種類似配合，如小魚適合小池塘、大麥長在北方、馬奔馳在草原等。

4. **季節**：形容生涯是四季的更迭變換，如春之欣榮、夏之盛豔、秋之豐裕、冬之歸隱等。

5. **成長**：將生涯看做是一種進行中的發展和學習，如嬰兒學步、少年浪蕩、青年茁壯、中年轉型、老年頤養等。

6. **創作**：生涯有如一些藝術的設計或文學的作品，如繪圖、陶磁、石雕、文章、玉石等創作的過程。

7. **網狀系統**：從群體的觀點，視生涯為團體標準和期望的調整，如選擇多數人認為熱門的專業以及符合父母對自己未來發展的期望等。

8. **資源**：視生涯為一種與經濟和前瞻計畫息息相關的人力資源管理，如預估未來五年或十年需要的技術人才、大學專業適應未來人力市場需要的增設或裁併等。

9. **故事**：生涯是創造生命意義的過程，如追求名利、造福人群、傳宗接代、自我實現等。

10. **文化產物**：生涯是反映文化脈絡的結果，如「日出而作、日落而息」是過去農業社會的生活方式，而二十四小時的便利商店則是現代工業社會的供需形態。

雖然上述的例子將比喻進行分類，然而有些當事人的比喻常常包括兩種或兩種以上的意涵。例如：一位大學一年級的男生形容自己小時候是待在鳥巢的麻雀，而現在是站在枝頭的鳩鳥，希望將來成為展翅高飛的雄鷹。他的生涯形容不僅以禽鳥做為自身的比喻，而且蘊含著旅程及成長的涵義。

此外，生涯比喻還具有減少當事人的困惑和幫助當事人進行問題整合的功效，如減低焦慮、增強創造和自我效能感（Combs & Freedman, 1990; Inkson & Amundson, 2002）。

五、生涯圖

生涯比喻是一種運用語言來表達自己看待問題的方式，但是這些比喻也可以通過視覺想像（visual imagery）用圖畫的形式呈現出來，這就是生涯圖。利用生涯圖來幫助和指導當事人更好的瞭解自己過去的成長、現在的問題和未來的期望，是生涯諮商中另一種有效的探索工具。

畫生涯圖時可以用單一顏色的水彩筆，但我們看到用多種顏色的水彩筆繪製的生涯圖，對當事人的指導和幫助會有更好的效果。因為色彩可以代表和隱喻當事人內心許多的想法和感受。因此，建議用多種顏色來繪製生涯圖。

要求畫生涯圖之初，有不少當事人會以自己不會繪畫為由，心中遲疑或激烈抗拒此活動，然而根據實際經驗顯示，諮商師此時只要以輕鬆的語氣鼓勵：「不必擔心自己畫得好不好，重點也不在像不像，每個人都有豐富的想像力，你一定可以盡力畫出來。」常常看到的結果是，通常說自己

不會畫畫的人，最後會畫出連自己都感到意外的生涯圖。

　　圖畫完成後，諮商師要進一步引導當事人描述自己畫的意思，有些當事人會侃侃而談畫中之意，而有些當事人則需要諮商師的一些提問，如：「你畫的這條路到這裡轉彎了，有什麼意義嗎？」「這裡的色調灰暗，而這裡的色調明亮，為什麼有這樣的差別？」「你畫的這個人是誰？這太陽和彩虹又代表什麼意思？」等等。

　　生涯圖常顯現當事人內心的情緒，例如一位當事人描述他的畫：「總覺得自己身處一個神秘的古堡裡，不斷地去打開每一個房間的門，打開了門之後又不敢進去，擔心房間裡面有什麼東西會讓自己受傷害。」

　　生涯圖也常反映出當事人的想法，例如另一位當事人吐露畫中之意：「這天空的孤雁就是我，好希望有一群志同道合的夥伴一起飛翔。烏雲背後的太陽是我追求的燦爛未來，而烏雲則表示前程的風風雨雨。你看，我還畫了閃電。不過我知道這是必然的，我並不害怕，我只害怕旁邊沒有互相鼓勵和支持的伴侶。」

　　生涯圖不僅可以幫助當事人將生涯具象化，而且能使生涯的探索過程變得更有趣味。在引導當事人描述生涯圖時，需要配合前兩章介紹的一些建立諮商關係的技術和探索技巧，如重述、簡述語意、具體化、摘要、反映內容和感受、引導、開放式問句、限制性描述等。

　　有時，在諮商一段時間後再讓當事人重畫一張生涯圖，更能讓他對自己的生涯問題有清楚的瞭解，而且諮商的目標和方向亦隨之清晰浮現出來。例如：一位當事人的生涯圖把自己畫成是一葉划行在急流中的獨木舟，朝著前面有一些礁石的方向駛去；而在兩次諮商之後，他再畫的是自

己猶如一艘載滿信心和能力的大船，不僅可以繞過眼前的礁石和暗流，並且預知前方可能碰到的礁石和暗流。

六、心流經驗

引導當事人探索自我，一個很好的方式就是讓他談談他個人的生活或工作的感受，尤其是很有成就感或感到愉悅時的感覺。這種成就或愉悅的感覺類似 Csikszentmihalyi（1990）所謂的心流經驗（flow），在自己喜愛的事物或活動中專注投入，時間在忘情中飛逝，而使內心有如流水般地舒暢。諮商師可以引導當事人通過心流經驗的描述，幫助當事人察覺和肯定他自己的優點和長處，使之增強當事人的信心並促進有效的行動。一些引導的提問，例如：

◎在學校裡，你最喜歡的科目是什麼？

◎做什麼事情能讓你全心投入？

◎你以前受過表揚嗎？爲什麼？

◎談一談過去讓你感到最得意的經歷。

◎描述小時候最能吸引你注意的事情。

對於諮商師這類探索的引導，有些當事人在簡單的引導下便能侃侃而談，但對於一些回答簡短的當事人來說，則需要諮商師緊接著追問下去，例如：當事人說他喜歡生物課，可繼續探索生物課的特別或吸引之處，以及上生物課時的滿足和成就感等等。

七、喜歡的生活方式

　　一個人喜歡的生活方式是影響當事人生涯發展的重要因素之一，也透露出當事人的生活態度和價值觀（包括未來生涯）。因此，諮商師幫助當事人瞭解自己喜歡的生活方式，也是一個常用的諮商技巧。下面介紹一個簡單的測量工具，由當事人填答的反應可以瞭解其所重視和不重視的生活型態。

「我喜歡的生活方式」問卷

　　下面有許多生活型態的項目，對每個人的重要性是不一樣的。瞭解這些項目對自己的重要程度，對未來生活的規劃與安排會有所幫助。試著想想看，每個項目對自己的重要程度如何？若你覺得該項目很重要，就在「非常重要」欄內打「ˇ」，若覺得該項目的重要程度是中等的，就在「普通重要」欄內打「ˇ」；若你覺得它只是稍微的重要，就在「稍微重要」欄內打「ˇ」；若它對你而言，一點也不重要，就在「不重要」欄內打「ˇ」。

生活型態項目	非常重要	普通重要	稍微重要	不重要
住在寧靜的鄉村				
過著多采多姿的生活				
擁有崇高的社會聲望				
從事有創意的工作				
工作有挑戰性、變化性				
能自由支配金錢				

有空閒時間做自己感興趣的事			
住在生活機能方便的城市			
積極參與社區活動			
居住在文化水準較高的地方			
經常旅行，擴展視野			
居住在孩子上學方便的地方			
每天有固定時間和家人相處			
可自由支配自己的時間			
每天準時上下班			
擔任領導或主管之職務			
有寬廣舒適的生活空間			
工作安定、有保障			
擁有豐富的經濟收入			
和朋友保持密切的交往			
和父母住在一起，承歡膝下			
參與和宗教有關的活動			
每個月有固定的儲蓄			
固定居住在某個地方			
隨時吸收新知、充實自己			
和配偶、子女住在一起			
有時間督導子女的課業			
和家人一起渡假			
每天運動、鍛鍊身心			
工作之餘參與社團活動			
能密切配合的工作夥伴			
貢獻自己所能、參與社會服務			

八、典型的一天

　　典型的一天是探索當事人一天中是如何安排自己生活的。因為一個人的生活模式可能是影響或導致他學習、工作或生涯問題的原因之一。例如：當事人習慣晚睡就會影響他白天的學習注意力；當事人的作息時間很隨性，則可能出現依賴、散漫、不穩定等。諮商時，諮商師儘量引導當事人敘述他典型的一天，可以用開放式的提問請當事人廣泛地敘述他最具代表性的一天，如為瞭解當事人的一些個性或習性，則使用聚焦的提問。

　　開放式的提問如：「請你說出你平日生活的一天是怎麼過的？」「從昨天早上起床開始一直到晚上睡覺，這一整天你都做了些什麼事？」

　　為瞭解當事人生活的依賴程度，聚焦的提問如：「早上是你自己起床？還是別人叫你起床？」「你做事是喜歡一個人做或和其他人一起做？」

　　而為瞭解當事人生活作息的穩定性，聚焦的提問如：「你平常吃早餐嗎？吃些什麼？」「除了上課外，你是否有固定的休閒活動？」

九、生活餡餅

　　另一個類似「典型的一天」的探索方法是繪製「生活餡餅」，有時二者可以搭配一起運用。「典型的一天」活動可以幫助當事人瞭解自己是如何生活的，也能瞭解當事人經常參加的活動，並提醒當事人思考自己的生活和作息的安排是否適當。在當事人對目前的生活安排不滿意或有新的覺察時，諮商師應鼓勵當事人再繪製一個理想或期望的生活餡餅，也許諮商的目標和方向就會在這個過程中突顯和明確起來。以下提供的範例，可供當

事人參考自行畫一個圓，然後根據自己的實際狀況劃分不同大小的區塊。

生活餡餅活動

在平日生活裡，你都做哪些活動？你是如何安排每一天的生活的？以下有一個生活餡餅的例子，是王大軍一天的各項活動時間。請參照此例，嘗試畫出自己平常一天的生活是如何安排的。

範例：大軍的一天

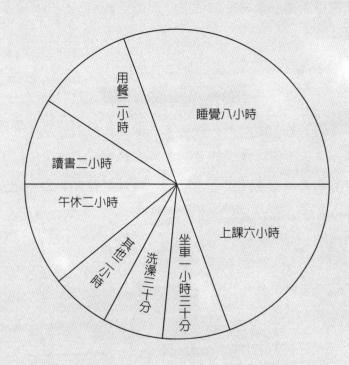

十、價值觀檢核

　　誠如第一章所言，價值觀是主導個人行為的方向盤。在生涯諮商過程中，諮商師會發現當事人的價值觀常有形或無形地影響著他自己對生涯問題的思考和判斷。因此，在諮商時對當事人價值檢核的探索，往往是不能避免的，而且是很有必要的。價值觀檢核的活動可視情況而定，可以先從一般價值觀或工作價值觀著手。如果諮商時間允許，諮商師可做連結二者的活動，讓當事人循序漸進地進行從一般價值觀到工作價值觀的探索，其功效會更顯著。

活動一：一般的價值觀

　　諮商師運用價值評估單，鼓勵當事人思考自己重視的價值觀有哪些，並記錄下來。然後，諮商師可就當事人所重視的前十項價值觀，請他說明每個價值觀的涵義和重視的理由。最後，諮商師與當事人一起統整這些價值觀，討論和描繪出他的生涯期望或願景。

價值評估單

　　請在下表所列的價值評估單中，仔細思索自己的價值觀，依你個人重視的程度選出十項：

1.＿＿＿＿　2.＿＿＿＿　3.＿＿＿＿　4.＿＿＿＿　5.＿＿＿＿

6.＿＿＿＿　7.＿＿＿＿　8.＿＿＿＿　9.＿＿＿＿　10.＿＿＿＿

1. 成就	15. 領導	29. 受到肯定
2. 獨立	16. 社交技巧	30. 友誼
3. 上進	17. 尊重	31. 變化性
4. 責任	18. 關愛	32. 信賴
5. 服務他人	19. 讚許	33. 開放
6. 舒適的環境	20. 溫柔	34. 聲望
7. 冒險	21. 支持	35. 敏銳
8. 權力	22. 獨特	36. 順從
9. 興趣	23. 能力	37. 自主性
10. 社會地位	24. 整潔	38. 勇敢
11. 寬容	25. 親和	39. 平等
12. 自我掌控	26. 智慧	40. 創造力
13. 競爭	27. 高尚	41. 有規律
14. 安全	28. 歸屬感	42. 理性

活動二：工作價值觀

　　諮商師先運用工作價值標購單，引導當事人完成類似拍賣會的出價活動。然後，諮商師可就當事人所標購的五個專案，請他說明標購到的工作價值觀的涵義和理由。最後，諮商師引導當事人思考有哪些職業能符合和滿足他標購的工作價值。

工作價值標購單

　　在下表中列有十五個工作價值專案，假設每個人都有 500 個生命單位（一生中可用以投注在工作的所有時間與精力的總和）。針對各個工作價值，將你願意出價的單位寫在「出價單位」方格內。出價時請注意以下原

則：

1. 不需對每個項目都出價（若覺得該項目不重要，可以不出價）。

2. 每一專案的出價單位不得低於 10 單位。

3. 出價總數不得超過 500 單位。

然後，找出自己出價最多的前五項，按 1 至 5 的排名寫在「出價順序」欄內。有相同的出價單位可並列一樣順序，例如：「能增進他人的幸福快樂」和「可以獨立思考與分析事理」都是出價最高的 150 單位，那出價順序都是 1，再次高的出價單位專案則是 3（跳過 2），以此類推。

工作價值項目	出價單位	出價順序
1. 能增進他人的幸福快樂		
2. 能使這個世界更美好		
3. 發明新事物或發展新觀念		
4. 可以獨立思考與分析事理		
5. 能以自己的方式做事		
6. 能全力以赴把工作做好，並看到具體成果		
7. 能受到他人的推崇和尊敬		
8. 能策劃方向，管理屬下		
9. 有豐富的工作收入，能買自己想要的東西		
10. 能提供安定的生活保障		
11. 有良好舒適的工作環境		
12. 能與上司和諧相處		
13. 能與志同道合的夥伴一起愉快工作		
14. 工作富於變化，能嘗試不同的工作內容		
15. 能選擇自己的生活方式，實現自己的理想		

從前面的活動，可以大致明白自己所重視的工作價值觀。現在請列出自己所重視的工作價值，最多五項，然後進一步思考符合這些價值觀的可能職業有哪些？

工作價值	可能職業
1.	
2.	
3.	
4.	
5.	

十一、尋找例外

尋找例外是焦點解決諮商（Solution-Focused Counseling）的技巧之一，諮商師在與當事人交談時，可以藉此技巧很快地幫助當事人找到解決問題的方向或目標。所謂尋找例外，就是詢問和瞭解當事人在以往的經驗中，他的這些問題很少發生或從未發生的原因。如詢問：「當以前沒有發生這些問題的時候，你當時的想法是什麼？」「以前的什麼時候，你不會有這種焦慮？」等。

諮商師在幫助當事人探索的過程中，還要積極地去尋找有利的線索，如當事人正向的想法、有益的作為、有效的資源，以及重新發現和肯定自己的優點、長處和能力。例如：一位當事人說：「當我考試前有較充分的準備時，我就不會這麼焦慮。」諮商師緊接著要與當事人詳細討論當時是

如何做準備的（如請教老師或與同學討論疑難問題、安排溫習時間、加強記憶等），進而幫助當事人察覺和瞭解自己過去這些有效的解決方法，並運用在目前的問題處理上。

尋找例外是探索和討論當事人的成功經驗。從稱讚和肯定當事人過去所用的積極正向的解決方法，讓他在面對現在的問題時重拾信心、重燃希望，並鼓勵當事人將過去這些積極正向的想法與做法運用到現在的問題解決上。

例外也可能是自然產生的，也許當事人在當時並未刻意做什麼。此時諮商師要與當事人討論沒有發生問題的原因和方法，例如：不過度憂慮、順其自然、放低期望標準不強求、相信自己的能力等，甚至只是單純地順其自然而為。

如果當事人反映自己過去沒有任何的成功經驗，這可能是他的期望過高，或察覺不到自己的進步，或不以為意等等。這時，諮商師要幫助當事人理性的瞭解和明白對自己的期望作出大改變是不切實際的，但可以從小改變開始，因為一個小改變會帶動另一個又一個的小改變，而累積一連串的小改變的效果勝過一個大改變。

十二、假設架構

假設架構也是焦點解決諮商的技巧之一，即引導當事人想像問題不存在時，他可能會是怎樣的一種情形。如詢問：「如果你的問題解決了，你的生活會有什麼不一樣嗎？」「假設你的問題不存在了，那是因為發生了什麼事？」「如果有一天你實現了理想，你是怎麼做到的？」「如果有一天你

的困擾消失了，你覺得消失的原因是什麼？」等。

假設架構可以幫助當事人蒐集和尋找可能解決問題的方法、目標，或是在未來有積極意義的行為和事件等資訊。用假設架構引導當事人想像未來的美好遠景，同時也建立起當事人的信心和希望。因此，這種投射到未來的假設，能帶給當事人一種賦能（empowerment）的經驗，意思就是讓人有更大、更多的責任感和能力去做自己應該做的事。當諮商師在與當事人共同的討論下，解決的問題方法和諮商的目標也就逐漸形成了。

第二節　生涯探索的範例

在本節的模擬範例中，我們將嘗試運用前面介紹過的一些技巧進行諮商，但無法將所有的技巧都一一呈現，因為在一個案例中不可能全部做到，而且在實際諮商中也沒有如此必要。複雜的問題不見得需要用複雜的解決方法，如果只需幾個簡單的技巧便能達到探索和瞭解問題的目的，那才是經濟有效的諮商。因此，範例中的技巧運用只是供參考，實際諮商中必須視情況彈性運用。

一、當事人背景

曉陽，大學四年級男生。他的生涯問題是：自己即將畢業了，但不知道應該如何做抉擇。因為父母希望他回家鄉找一份穩定的工作，好朋友則勸他留在都市裡一起創業，而自己的理想是考研究所，將來走學術路線。

二、諮商過程

諮商師：你今天來這裡的目的是⋯⋯

曉　陽：我聽同學說，你們這裡可以給我一些幫助。

諮商師：很歡迎你來這裡，你希望我能給你什麼幫助？

曉　陽：我即將畢業了，我的煩惱就是不知怎樣做畢業後的抉擇。從大三開始，我的父母就常跟我說，希望我畢業後能回家鄉工作，尤其他們的年紀大了，需要人照顧。而我的老師鼓勵我考研究所，這也是我的理想。如果繼續讀書，就不能照顧父母和賺錢幫助家裡。我好為難啊！

諮商師：聽起來這個煩惱有好一陣子了，而你到今天才想到來這裡來尋求幫助，是什麼原因？（「為什麼是現在」技巧）

曉　陽：離畢業的時間愈來愈近，是一個原因，而我的一個好朋友前幾個月又說有一個很好的創業機會，勸我留在都市裡與他一起打拚。加上自己考研究所的理想，我快想破頭了。

諮商師：你自己有過什麼想法嗎？（開放式問句）

曉　陽：我想得很多也很亂，就是理不出頭緒來。如果要考研究所，我得及早做準備，可是這些日子我就是定不下心來。

諮商師：我瞭解你的這些煩惱，甚至焦慮的感覺（同理），知道你畢業後面臨著三種選擇：回鄉工作、留在都市創業，以及考研究所。（簡述語意）

你可否用「我⋯⋯，因為⋯⋯」的句子來描述自己的煩惱，

例如：「我不知道要讀什麼科系，因為自己的興趣很廣泛。」

（限制性陳述）

曉　陽：嗯，我很難做決定，因為這三種選擇各有利弊優劣。

諮商師：利弊優劣？（**重述**）是否請你說清楚一點？（**具體化**）

曉　陽：回鄉找個教書的工作很穩定，也可以就近照顧父母，只是可能一輩子如此，談不上什麼理想、成就感。而留在大都市創業具有挑戰性，可能幹出一番大事業，當然也會有失敗的風險。至於考研究所，我認為比較符合自己的興趣和能力，我羨慕大學老師的聲望和地位，只是考上後，直到將來讀博士到當教授還有一條辛苦的長路要走。

諮商師：你能用一個比喻，想像或形容你現在的處境嗎？（**生涯比喻**）

曉　陽：現在的處境？嗯……我覺得自己好像站在十字路口，不知道要向左轉、向右轉，還是向前走？感到好孤立又好著急。

諮商師：好，你願意嘗試把你現在的處境畫下來嗎？這裡有紙和彩色筆。（**生涯圖**）

曉　陽：喔，我不太會畫圖，不知道是否能畫出這種情形？

諮商師：畫得好不好沒關係，不是美術比賽（**幽默的語氣可降低焦慮**），我只是想藉助你畫的圖，給你有效的幫助。

曉陽開始畫圖，大約十五分鐘完成。完成後……

諮商師：你能描述一下圖中的意思嗎？（**引導**）

曉　陽：這裡站的一個人是我，正在一個三叉路口，左邊的路那端招

手兩個人是我父母，他們希望我畢業後回鄉找一份穩定的工作；右邊的路那端的一個人是我朋友，勸我跟他闖一番事業的朋友；前面直行的路是考研究所，自己希望走的學術路線。

諮商師：現在你的感覺是……（開放式問句）

曉　陽：現在我較清楚自己的問題了。

諮商師：我看到你這三條路用的顏色不一樣，可有什麼意義？（探究）

曉　陽：喔，左邊的這條路我用的是藍色表示平穩，右邊的這條路我用的是紅色代表可能發展很好，但也可能是冒險。

諮商師：那前面的這條路是黃色……（開放式問句）

曉　陽：這就是我內心的希望，有光明，有發展的好景象。

諮商師：我看到在這條路的最前面，你畫了一個太陽，路旁還有一些花草。這似乎有特殊的意思……（探究）

曉　陽：我也不知道為什麼，很自然地就畫上去了（微笑），看樣子我還是比較喜走學術的這條路，選擇它就對了，是嗎？

諮商師：別著急，讓我們看看其他的資訊再決定。我們來談談你對自己未來的生活有什麼想法？這裡有一個工作價值標購單，請你先閱讀說明。

進行工作價值標購活動，大約十五分鐘完成。

曉陽的工作價值標購結果如下：

工作價值項目	出價單位	出價順序
1. 能增進他人的幸福快樂		
2. 能使這個世界更美好		
3. 發明新事物或發展新觀念	100	2
4. 可以獨立思考與分析事理	80	4
5. 能以自己的方式做事		
6. 能全力以赴把工作做好，並看到具體成果		
7. 能受到他人的推崇和尊敬	20	
8. 能策劃方向，管理屬下		
9. 有豐富的工作收入，能買自己想要的東西		
10. 能提供安定的生活保障		
11. 有良好舒適的工作環境		
12. 能與上司和諧相處		
13. 能與志同道合的夥伴一起愉快工作	100	2
14. 工作富於變化，能嘗試不同的工作內容	50	5
15. 能選擇自己的生活方式，實現自己的理想	150	1

諮商師：現在我們大致明白了你所重視的工作價值。請你在表中列出
自己所重視的工作價值，最多五項，然後考慮一下符合這些
價值的可能職業有哪些？（引導）

進行接續的活動，大約十分鐘完成，結果如下：

工作價值	可能職業
1. 能選擇自己的生活方式，實現自己的理想	大學教授、牧場主人、作家、藝術家
2. 能與志同道合的夥伴一起愉快工作	很多職業，看機緣
2. 發明新事物或發展新觀念	廣告、電視廣播、研究員、資訊科學
4. 可以獨立思考與分析事理	私人企業老闆、股市分析師、大學教授、學術機構研究員、作家
5. 工作富於變化，能嘗試不同的工作內容	商業經理、旅遊業、自由業

諮商師：看到你標購的這些工作價值，你有什麼想法或感覺？（開放式問句）

曉　陽：我覺得除了回鄉工作之外，其他的兩種選擇都比較適合我。

諮商師：那對你認為符合這些價值的可能職業，還有其他的考慮嗎？（開放式問句）

曉　陽：我一時也想不到其他的，應該還有許多。

諮商師：嗯，應該是。那你是如何看待你現在列的這些職業？（開放式問句）

曉　陽：好像研究員的工作最多，其次是大學教授。我想凡是能讓我比較自主的職業都符合。

諮商師：現在對照你目前面臨的三種選擇，你覺得……（開放式問句）

曉　陽：我覺得透過與你交談和做一些活動，我已經清楚的看到走考研究所這條路是最適合我的。

諮商師：好，讓我們來談談，你在自己專業學習上，做過什麼研究？
　　　　或參加過什麼學術活動？（**探究**）

曉　陽：我曾經幫老師做過問卷調查，並且與研究生學長們一起討論
　　　　研究結果的統計和分析，也參加過好幾個學術研討會。

諮商師：這些經驗給你的感覺是什麼？（**引導、心流經驗**）

曉　陽：我很喜歡。我喜歡思考，喜歡與學長們一起討論的氣氛，我
　　　　們是這麼的投入，常常不自覺地過了吃飯時間。當我們想出
　　　　新點子或有了研究成果時，感到特別的興奮。

諮商師：綜合我們今天所談的，你有什麼感想？（**請當事人做摘要，
　　　　也有提醒作用**）

曉　陽：經過與你的討論，我更堅定了我的選擇。其實我已開始準備
　　　　考研究所的功課，只是最近心情較亂，現在我可以定下心準
　　　　備了。

諮商師：好極了，為你加油打氣。我還關心一件事，你如何去跟父母
　　　　和朋友說你的決定？（**探究**）

曉　陽：沒事，我想好好與他們溝通，他們會理解和支持我的。

諮商師：那好，如果還有需要，歡迎你再來。

曉　陽：真的非常感激你，對我的幫助很大。再見！

上述當事人對於自己的生涯問題已有清楚的瞭解，探索的工作大致完成。此外，根據探索資訊的蒐集和整合進行生涯決策，也是一個具體的諮商技術，將在第七章中進一步說明。

第三節　生涯問題探索的陷阱

　　諮商師透過對當事人資訊的蒐集和整合，進而幫助當事人澄清和瞭解他們的問題，這對生涯問題的探索至為重要。然而，在諮商過程中，諮商師也有可能掉進一些探索的陷阱而不自知。因此，身為諮商師有必要認識這些陷阱，並且經常提醒自己迴避陷阱。以下說明三個主要的陷阱和有效的迴避策略。

一、陷阱一：陷在資訊堆裡

　　與當事人探索生涯問題的第一個陷阱是：諮商師容易陷入當事人所陳述的大量資訊堆裡而茫然不知所措。尤其是在諮商的初期，有些當事人表達的資訊可能又雜又亂，而有些當事人的問題則是多重性質的問題，在陳述時，常常跳躍似地東一點、西一塊，以致諮商師不但抓不住談話的重點或問題的關鍵，而且被不斷而來的資訊搞得頭暈腦漲，就像一位初學諮商的學生說：「我好像被轟炸機炸得腦子一片空白！」

　　諮商師面對這類大量資訊的當事人之處理，除了溫和的提醒當事人慢慢敘述，以及適時打斷他的話語並加以澄清、探究或摘要之外，還要引導當事人對自己的數個問題排列出優先順序，如詢問：「什麼是你感到最困擾的問題？」「你希望最先解決的是哪一個問題？」「在短期內希望達到你的哪一個目標？」等。因此，最好的諮商策略是幫助當事人先聚焦在一、二個問題的澄清和探索上，之後再討論其他的問題。通常，建議從最困擾

或難解決的問題著手；但如果當事人的問題交錯複雜，自信心也不足，則應從容易解決或容易改變的問題開始處理。

　　無論當事人的問題是如何的繁多複雜，當他有了任何一個想法或行為的改變時，都會帶動一連串的正向改變，甚至一些尚未探索或解決的問題也會迎刃而解。例如：一位當事人經由諮商師的幫助找到工作後，不僅解決了經濟問題，情緒也變得穩定，與家人的關係也和諧和改善了。

二、陷阱二：錯誤判斷

　　探索生涯問題的第二個陷阱是：對於當事人的資訊容易產生偏見或主觀的解釋和理解。諮商師這種常見的錯誤判斷有四種：

1. **先入為主的觀念**：諮商師過度強調與當事人最先交談而所獲得的資訊之重要性與必然性。如聽到當事人對藝術感興趣即一味地朝著這方面探究，或過早相信當事人害怕做決定而忽視他沒有做決定的經驗之資訊等。

2. **個人的偏好**：過度依賴個人喜好的理論或診斷，如諮商師以自己熟悉的「理情行為治療」判斷當事人的問題是由非理性信念所致，或輕易判斷當事人是精神疾病等。

3. **選擇性的注意**：諮商師對自己不瞭解或沒興趣的問題，常產生忽略或加以簡化。這些問題如：認為當事人的不敢表現是懦弱而非文化習俗強調的謙虛，或當事人晚上做的夢只是白天的焦慮造成等。

4. **錯誤的歸因**：將問題的原因歸咎於當事人身上，如當事人對自己的問題不願負責、沒有改變的動機，或當事人有心理疾病等。

　　為了避免上述的錯誤判斷，諮商師應保持寬容和開放的胸襟，並使用多種方法和多個角度去幫助當事人探索生涯問題。多種方法包含運用多種測量方法和工具，如心理測驗、行為觀察、傳記測量等（將於下一章介紹）。而多個角度探索則是，掌握當事人提供的個人生活和環境因素等多方面的資料，並考量當事人的認知、情感和行為因素，以及蒐集和瞭解當事人的家庭、學校和社會因素對他的影響等。多種方法和多個角度的探索，可以幫助諮商師和當事人從不同觀點來看問題，如此一來，能更好的理解和看待當事人問題的其他解釋。

三、陷阱三：缺乏彈性

　　探索生涯問題的第三個陷阱是：諮商的方向和目標一成不變。常見的情形有，當諮商師幫助當事人探索和解決了最初的問題後，另一個新的問題又跑了出來。如前述曉陽的案例，假設他已清楚和決定了自己畢業後的選擇方向，但遭到了父母的反對，於是，如何與父母溝通則成為一個新的問題。接下來的諮商目標則必須轉移到新問題的探索和解決上。

　　有時，生涯問題的探索方向可能因為當事人有了新的察覺而有所改變，也可能是對諮商師有了更多的信任，願意表露自己內心更深層的想法和願望，而使諮商方向有所轉變。因此，諮商師應有隨機應變的心理準備，視當事人的情況彈性調整探索的方向和目標。同時，由於生涯問題的探索不是一個簡單的直線過程，諮商師要隨時檢視當事人的問題是否還在原來的軌道上。

　　如果探索過程中，發現當事人的問題是屬於心理諮商的問題，雖然第

一章提及其界線較難區分，問題也可能重疊，諮商師雖可以一併處理，但仍強烈建議轉介（referral）給心理諮商或治療的專業人員，尤其是在當事人有特殊的個人問題，如酒癮、藥物濫用、精神疾病等。

CHAPTER 05

增進自我瞭解

在當今的健康標準和定義中，心理健康是不可缺少或分割的重要組成部分。一個心理健康的人擁有良好的自我狀態，能充分瞭解自我和肯定自我，並能與社會契合和諧。他們能用寬容理解的眼光接納自己的過去，用積極健康的心態認清當下的現實，以合理樂觀的心境追求期待的未來。換言之，他們更能適應環境、利用環境、創造環境，並給自己更多發揮潛能的機會和空間。因此，解決好生涯問題的首要前提，就必須增進和加強當事人的自我瞭解。

在上一章裡，我們介紹了一些探索和解決生涯問題的技巧，這些技巧同樣具有幫助當事人增進自我瞭解的功能。在這一章中，我們主要介紹增進自我瞭解的三個重要內容：拓展自我覺察、反思生涯信念、運用測量方法，並舉例說明這些內容在生涯諮商過程中的運用。

第一節　拓展自我覺察

根據完形治療（Gestalt Therapy）的觀點，覺察（awareness）是自身在

與他人和外在環境接觸（contact）的過程中，其生理、心理、情緒和心靈產生的一種注意（noticed）、體會（recognized）、觸摸（touch）的經驗，不能覺察的人與他人或外在環境就會產生一種疏離（withdrawal）的關係（Yontef, 1993）。

每個人都有與生俱來的覺察，自己能在與環境的互動中保持著機警或靈敏的接觸，並在這些接觸的過程中清醒地瞭解自己的需求，能擁有正向、樂觀、合理的感覺、思考和反應，這是一種有積極意義的自我反省。覺察看似簡單，但在當今的社會裡，卻因著人的匆忙步履和注意力的分散，而常常被忽視。許多尋求心理諮商的人正是因失去了接觸而產生疏離，因為他們內在的覺察好似被卡住，久而久之甚至否認自己的覺察能力，以致於帶來焦慮和僵局感（sense of impasse）。

而自我覺察指的是個人對自己的心理、行為表現是否有正確而理性的感覺和認知，從而更好的認識世界、適應社會和有效創造。自我覺察是一個人全面發展的第一步，是任何成長的基本要素。由於自我覺察是大部分人類潛能的根源，因此使人類成長的根本就是去拓展它。

我們之所以能夠做決定和反應，是因為我們擁有自我覺察的能力。增強自我覺察是所有諮商的目標，其中包括：對其他選擇、動機、影響個人的因素以及個人目標覺察等。透過不斷增加的自我覺察，去釋放自己的能量，明瞭自己選擇做什麼、如何做，最終能為自己的行為負責，以達到自主與成長。

中國有句老話：「人貴有自知之明」，認識自己很難，所以才可貴。諮商師的工作就是幫助當事人瞭解他自己是什麼樣的人，瞭解他自己在現實

生活中所扮演的角色、相信什麼、潛在能力和將來要去承擔的角色，以及要達到的目標，使之能明確的定位。一般而言，拓展當事人的自我覺察有三個主要的方面。

一、接納自己

　　接納自己是自我覺察的第一步。在諮商過程中，諮商師必須幫助當事人瞭解和接納他自己是一個有情緒、有想法、有信念的人，而且在當事人真實地面對自我的時候，能覺察到阻礙自己成長的因素，並且獲得或增強自我處理生涯問題的信心和能力。

　　接納自己，包括接納自己過去不完美的行為和經歷。根據 Rogers 的個人中心治療（Person-Centered Therapy）的觀點，當事人在自我成長和發展過程中的一個重要部分，即是承認自己是一個在不斷成長過程中會犯錯的人，這與一個人必須是正確完美，才是好人或才是值得愛的教育觀念大不相同。因此，諮商師必須幫助當事人自己覺察到，他是一個終身需要不斷學習與成長的個體，並把獲得的成功看作是一種定期的進步和改變，而非完美。

　　自我覺察的過程能讓當事人卸下自我防衛的面具，接受自己生命中真實的一面，並且願意隨著時間的推進而更新改變。舉例而言，當某位當事人發現他自己並非想像的那麼好時，他開始卸下了偽裝的面具：「當我看到別人對我輕視的時候我會感到很生氣，儘管以前我不承認，但這種情緒確實存在。現在，我有了清醒的認識並能理智的表達出來，我才發現自己已經生氣很久了。」自此刻起，這位當事人的自我覺察功能啟動了。

二、活在當下

在諮商過程中，我們常常看到，有些當事人好像沒有自己的過去似的活在現在，而有些當事人則時時活在未來的幻想裡。他們既缺乏此時此地（here and now）的意識，也沒有活在當下的覺察。面對這些當事人，如何才能讓他們關注到當下，知道當下自己所處的物理空間，捕捉當下自己的真實內心感受？諮商師一方面要避免從自己的角度解釋當事人陳述的內容，因為這是以諮商師的覺察取代當事人的覺察；另一方面，諮商師也要避免做過多的原因探究，因為把焦點過多的放在當事人行為的為什麼（why）上，很可能導致當事人的合理化防衛，從而不利於幫助當事人的自我覺察和促進當事人的自我成長。

因此，諮商師諮商時的重點，要聚焦在當事人此時此地的歷程上，要幫助當事人瞭解自己的現狀和特點，讓他們知道自己的長處和不足，知道自己具備什麼樣的潛能、不具備什麼樣的潛能，即幫助當事人現在可以做什麼（what to do）與如何做（how to do），對於那些個人無力達到的目標，決不去做徒勞的努力。

對當事人強調此時此地，並非忽視或否認過去和未來的重要性，因為過去和未來常常是一條覺察連續線上的兩端，而當下即現在則是這條覺察線當中的樞紐，而且是一個很重要的樞紐。

諮商在此時此地發生，當事人的覺察也在此時此地發生。唯有覺察此時此地，當事人的過去和未來才有意義。舉例而言，一位當事人在初次諮商中不時地抱怨過去的錯誤選擇，說：「如果讓我從頭再來一次，我會……。」

同時，又不斷地敘述自己未來的許多夢想：「希望有一天我成為……。」甚至，在連接過去經驗和未來夢想後說出：「如果沒有過去的錯誤，我會……。」當諮商師引導他覺察到此時此地的重要時，他才恍然覺察道：「我跳過了現在，那現在我可以做什麼？」從此，諮商過程進入建設性的階段。

三、自我負責

　　當事人在覺察接納自己和活在當下的同時，也要覺察到他自己應該對他所做的選擇和採取的行為負責，進而對自己生涯的成長負責，這一點是極其重要的，因為這也是讓當事人明確的知道要對自己的生命負責。因此，諮商師必須相信當事人是負責任的（responsible）或是能反應的（response-able）的一個個體。雖然覺察不同的行動後果和其限制很重要，但當事人最終有責任去做選擇與評估。諮商師為了增強當事人自我負責的信心，可以對他說：「經過我們幾次的討論，你對解決自己的問題已有了清楚的瞭解，下一步如何做和做的成效如何，完全掌握在你自己手中。開始出發吧，我為你加油打氣。」

　　其次，諮商師要鼓勵當事人建立自我管理（self-regulating）的信心和能力，使當事人對自己的生涯發展擔負起更多的責任，並能對自己做出適當的自我肯定，而不是無主見地依賴他人或外在的支持。

　　幫助當事人建立和明確這種自我負責的意識和態度，並不是忽視他人的期望和意見，而是積極理性的接納和參考他人的建議和觀點，然後做出明智的選擇和行動。有些當事人可能會過度地依賴諮商師的意見，因此，

諮商師必須適時提醒當事人，他自己本身才是起主導作用的根本和關鍵，只有改變自己、戰勝自己、再塑自己，才能最終超越自己。

第二節　反思生涯信念

人的內在信念（beliefs）跟他的情緒和行為之間的關係非常密切，而且彼此互相影響。舉例而言，在當事人說：「我不可能做好任何事。」他的信念可能是：「我不好」或「我不行」。又如，當事人面對考試就有焦慮的情緒，他的信念可能是：「我肯定考不好」或「我失敗了怎麼辦」。

在生涯諮商中，常常發現當事人的信念通常是造成他自身問題的根源，因此，諮商師必須對影響當事人自身情緒和行為的信念有所瞭解。我們可以運用一些諮商的策略幫助當事人進行生涯信念的反思，通過當事人的自我認識和改變，進而改正負向信念、建立正向信念，使之影響生涯問題的障礙得以消除和解決。

一、信念

在探討生涯信念的概念和諮商策略之前，必須簡要介紹三個認知行為取向的心理諮商學派的觀點。因為在概念上，生涯信念是信念的一種，而且生涯信念諮商的策略和方法也多源於這些學派的技術。這三個學派的觀點雖然都肯定認知的重要，但是對於信念的觀點仍有一些差異，分別說明如下。

（一）非理性信念

理情行為治療（Rational-Emotive Behavior Therapy）的創始人 Ellis（1994）認為：人類情緒的困擾大部分源於失功能的思考歷程，如誇大、過度類化、過分簡化、不合邏輯、錯誤的推論、僵化，以及未經驗證的假設等。因此，情緒困擾是非理性信念下的產物，而一個人減少情緒困擾的最好方法，就是改變自己的思考方式。

Ellis 認為信念分為理性和非理性兩類：理性信念（rational beliefs）能夠促進自我增強並能幫助人們達成目標，這種理性的思維和認知是現實的一種合理考量，通常會引發建設性的行為模式；而非理性信念（irrational beliefs）則是不合邏輯且錯誤推論的思維和認知，容易引發武斷或絕對性的評價，最後不僅不能達成目標，而且還會造成負面的情緒，如：憂鬱、生氣、焦慮、後悔、自憐、無價值感、憤怒與不適當的情緒，以及退縮、逃避、暴力與拖延等不適應行為。

諮商師一旦偵測到當事人的非理性信念，下一步就是運用「駁斥」（dispute）的技術，如挑戰當事人僵化或沒有彈性的信念、協助當事人評估這些信念的真實性或合理性，以及教導當事人建立理性信念等。

（二）自動化思考

自動化思考（automatic thoughts）是一種自動反射性的內在對話，對人的行為有決定性的影響。這種行為或情緒產生不良適應的自動化思考，也稱之為不良適應信念（maladaptive beliefs）。認知治療（Cognitive Therapy）的創始人 Beck（1987）認為：不良適應信念會形成認知扭曲（cognitive distortions），如對自己負面的評價、以負面的方式解釋經驗，以及對未來作負面的推論等。

　　諮商師常使用的技術是「蘇格拉底式問話法」（Socratic method），諮商師提出一些與當事人信念相反的證據來面質當事人，引導當事人透過辯證過程，幫助他覺察和反思自己不良適應的信念。

（三）自我內言

　　認知行為矯治法（Cognitive Behavior Modification）創始人 Meichenbaum（1977）認為：自我內言（Self-verbalizations）是人在內心中自己對自己說話的聲音，也稱之為自我對話或自我陳述（self-statement）。

　　在當事人負向的自我內言在內心不斷地出現時，如：「我是一個失敗的人」、「別人批評我，讓我覺得一無是處」等，其不健康或不適應的行為自然會增多。

　　而在當事人常重複健康或正向的自我內言，如：「雖然這次失敗，但我還是相當不錯的人」、「我是有能力的，即使有些人批評我」等，當事人就能表現出更健康或更適應的行為。

　　諮商師常用的諮商技術，是教導當事人持續監測其自我內言，並以更適當的內言取代不適當的內言。諮商師可以要求當事人學習和應用一些適當的適應性陳述句，這樣在有壓力的情境下，當事人可以在內心重複練習這些適應性的陳述句，以減輕和消除產生的焦慮症或恐懼症。

二、生涯信念

從認知心理學的觀點，信念（包括生涯信念）是一種認知基模。所謂認知基模（schema），是一種由過去經驗所形成的知識系統，人會根據這套系統來認識和因應現實環境，並依據系統來發展未來的行為。狹義而言，過去認為生涯信念是一組對自己，以及對自己在工作世界和未來發展的綜合假設（金樹人，1997）。而今隨著心理學的發展和心理活動的多元化，生涯諮商已經超越了職業諮商和輔導的範疇。生涯信念不僅是人根據過去經驗形成的認知，而且包括了與自己生涯有關的所有看法、主張和意見等，不只限於工作世界的信念。

在第二章中，我們曾介紹過 Krumboltz 的社會學習論，其中提及自我觀察和世界觀的推論，即是認知基模的一種形式。在生涯諮商上，當事人的認知基模可能是如下的推論（Krumboltz, 1979）：

1. **自我觀察的推論**：當事人的自我觀察推論與他自己過去的經驗有關，而且常常是與他人比較的結果。例如當事人認為自己：「我是一個不擅長交際的人」、「我的數學能力差」等。

2. **世界觀的推論**：世界觀的推論是以自我觀察推論為基礎，無論正確與否，常成為影響著生涯發展方向的動力。例如當事人的推論：「我不擅長交際，所以不適合從事像教育、社會工作之類的職業」、「我數學不好，只能讀文科」等。

Krumboltz（1983）以其上述的自我觀察和世界觀推論的觀點，提出了當事人常擁有的七個「麻煩信念」的類型和例子，簡要介紹如下：

1. **錯誤的推論**：當事人把一部分的事實或過去經驗，視為支持自己觀點的充分證據，推衍到所有的人或事上，這種以偏概全的信念如：「我的個性內向，不可能從事諮商師的工作」、「我只要一看到血就頭暈，不適合學醫」、「我的數學不好，理工方面的課一定學不好」等。

2. **單一標準的自我比較**：當事人以某個或某些特定的人物拿來跟自己比較，造成自己裹足不前或錯失機會，這種狹隘標準的信念如：「我的同學某某人家世好，將來一定有前途，而我就沒他這樣的背景」、「這科系有成就的人都能言善道，而我表達能力這麼差，不可能成功的」等。

3. **對不好結果的誇大情緒**：當事人對自己身上發生的一些不順利或失敗視為不幸，並且有誇大的負向情緒，因而不願再嘗試努力，這種災難情緒的信念如：「我連這件事都做不好，太差勁了」、「申請的三家公司都拒絕我，我的前途真悲慘」等。

4. **倒果為因的推論**：當事人由於信心或資訊不足，對自己的生涯預設立場或早下結論，以致造成發展上的限制，這種倒因為果的信念如：「我長得不好看，這個行業站出來的都是帥哥美女」、「依照我過去的經驗，失敗的可能性很大」等。

5. **擇善固執**：當事人對自己追求的目標過於執著或理想化，缺乏彈性變通的思考以及自以為是的作為，常讓自己陷入僵局，這種固執成見的信念如：「我就是要出國念書，否則將來沒有前途」、「我希望找一個賺多、事少、離家近的工作」等。

6. **因小失大**：當事人由於過度在意枝節或次要因素，而忽略整體或重要因素，以致容易犯下見樹不見林的疏失，這種以偏概全的信念如：「我認為一個人賺多少錢代表他的地位」、「我要是有那位成功企業家的運氣就好了」等。

7. **自欺欺人**：當事人為掩飾讓自己失敗的真正原因，製造一些似是而非的理由或藉口，以致無法突破現在的困境而迷失未來方向，這種掩飾真實的信念如：「在現今競爭的社會，必須要有好的人際背景」、「這學科成績不好，是老師教法有問題」等。

紀憲燕（1994）曾編製「生涯信念量表」，調查台灣四百九十七位大學生，蒐集到一百八十個有關生涯決定的信念，總結歸納為六大類信念（引自金樹人，1997）：

1. **工作本身有無價值**：相信工作本身極有價值，或相信工作是達成其他目標的手段，其內涵包括成就感、開放度、工作條件、遷居意願、角色刻板印象、冒險性、休閒生活、努力意願等。

2. **有彈性變化／無法接受改變**：其內涵包括個人是否認為大學教育是獲取好工作的必要條件、是否相信一次選擇定終身、能否接受變化、能否接受學非所用、能否接受自己處於生涯未定向狀態等。

3. **相信自己／依賴別人**：其內涵包括他人的支援、責任感、人我比較、生涯自我效能、逃避、依賴、專家支援等。

4. **關於成功／失敗**：其內涵包括自我價值是否建立在工作表現上、完美主義、不成功便是失敗等。

5. **關於決定歷程**：其內涵包括控制不確定性、人與環境適配、審慎、

最佳工作信念等。

6. **順從／不受限制本身**：其內涵包括外在取向、順從家人或社會價值
   觀、督導、工作時間等。

以上述台灣大學生的調查結果，與 Krumboltz 生涯信念量表做比較，
金樹人（1997）發現有三項與西方研究不同的信念：

1. **面子主義**：相信每個人都會獲得完美的工作，不容許自己出錯，害
   怕失敗，擔心若找不到滿意的工作，會給家人添麻煩。

2. **性別刻板化印象**：認為社會對兩性在工作上的表現，有不一樣的期
   待與限制。

3. **外在取向**：做生涯決定時，傾向於接受家人的期望及社會價值觀。

三、生涯信念的諮商

除了上述介紹 Ellis、 Beck、 Mechenbaum 針對一般信念的諮商策略
外， Krumboltz 根據其生涯信念，發展出生涯信念的諮商模式的六個步
驟，這六個步驟是（Krumboltz, 1991）：

1. 傾聽和理解當事人的問題。

2. 確定當事人的麻煩信念類型。

3. 探究當事人的麻煩信念意涵。

4. 要求當事人對自己的麻煩信念提出證據。

5. 鼓勵當事人以行動去驗證信念的正確性。

6. 如果信念證明有誤，要求當事人採取改變行動。

綜合這些信念和生涯信念的諮商觀點，並結合第三章的諮商技術和第

四章的探索技巧，舉例說明生涯信念諮商的四個階段如下。值得諮商師留意的是，這四個階段雖是分別說明，但它們會有重疊或來回運用的情形。

階段一：傾聽和發現

諮商師傾聽的目的是引導當事人說出自己的問題，並且透過傾聽，發現當事人的話語裡一些可能是非理性信念或不良適應信念的線索，如：懷疑自己能力、不敢嘗試冒險、要求完美、低目標或逃避問題、不容許自己出錯、依賴他人的期望、只相信自己、刻板印象、不敢面對改變等等。而且，諮商師可能會發現當事人可能有上述的兩個或兩個以上的線索，因為許多非理性或不良適應信念都有同一個核心的信念，如：我必須、我應該等等。

傾聽的技巧在第三章已有詳細介紹，不再贅述。以下分別對上述的信念舉出一些當事人的談話為例，說明諮商師需要留意的可能線索。

當事人：我覺得要達到這目標不太可能。（可能是懷疑自己能力）

當事人：我知道必須採取行動，但是我有一些擔心。（可能是不敢嘗試冒險）

當事人：我認為自己沒有什麼可誇的。（可能是要求完美）

當事人：我只求有一個安定的工作，不要發生與任何人競爭的事情。（可能是低目標或逃避問題）

當事人：我氣自己連這事也做不好。（不容許自己出錯）

當事人：我不知道自己將來要幹什麼？讀這個科系是我爸媽決定的。

（可能是依賴他人的期望）

當事人：都是我自己做的決定，因為別人不瞭解我。（可能是只相信
　　　　自己）

當事人：我覺得這個科系不適合女生來讀。（可能是刻板印象）

當事人：誰知道未來會變成什麼樣？我寧可維持現狀。（可能是不敢
　　　　面對改變）

階段二：聚焦和偵測

　　諮商師經過傾聽而發現了當事人的一些非理性或不良適應信念的可能
線索之後，必須與當事人進一步討論，以求證這些線索是否為非理性信念
或不良適應信念。運用前一章處理多重問題時的辦法，幫助當事人先聚焦
在一、二個問題上的探索，之後再討論其他的問題。聚焦的目的也是針對
當事人可能存在的信念，然後一個一個地去深入的探索。諮商師這樣偵測
的目的除了肯定和判斷當事人的信念是否為非理性信念外，也能幫助和引
導當事人覺察和瞭解自己的非理性信念或不良適應的生涯信念。諮商師無
論從非理性信念、負向內言或自動化思考，都可與當事人一起來偵測非理
性或不良適應信念。至於採取何者，並無一定的規則或標準答案，主要視
諮商師的理念和喜好，以下分別舉例說明。

1. **偵測非理性信念**：諮商師從當事人的話語中，發現了當事人認知、
　　情緒或行為的非理性信念線索，之後必須繼續聚焦和偵測。如下三
　　例：

〔例一〕

當事人：我必須要更努力，否則……。（話中的「必須」即可能是非理性信念）

諮商師：你說「必須」的意思是？能說得更清楚些嗎？

〔例二〕

當事人：我覺得自己對不起父母的期望。（有罪惡感或難過的情緒，可能是「自我貶抑」的非理性信念）

諮商師：你覺得自己不符合父母期望，是因為……

〔例三〕

當事人：我不敢嘗試，我可能會失敗。（自我挫敗的行為可能是「要求完美」的非理性信念）

諮商師：你不敢嘗試的理由或原因是……

2. **偵測自動化思考**：諮商師偵測當事人的自動化思考，最常運用的是「蘇格拉底式問話法」，目的在探討當事人在邏輯上的推論錯誤，它可能是一個冗長的辯證的過程。通常，諮商師先引導當事人覺察其情緒或行為背後的想法，接著以「蘇格拉底式問話法」進行。以下以諮商師問話的三個句子為例，說明幫助當事人偵測自動化思考的應用。為使讀者瞭解其連貫性，階段三和階段四的運用一併舉例說明。

〔例一〕

　　我瞭解你被拒絕時的那種難過感覺，除此之外，你當時有什麼想法？

　　你覺得不公平的意思是？

　　有什麼理由說這事不公平？（**階段三**）

　　以後面對這種事，你有什麼新的想法？（**階段四**）

〔例二〕

　　在你生氣的那一刻，你的腦海中產生過什麼想法嗎？

　　請你多說些「非白即黑」的想法……

　　這件事除了黑或白之外，還有其他的可能嗎？（**階段三**）

　　你想到的有哪些可能？（**階段三**）

　　如果以後有類似情形，你還會生氣嗎？為什麼不？（**階段四**）

〔例三〕

　　你是怎麼看待這件事的？

　　有什麼證據支持你的這種看法？

　　你覺得你的證據充分嗎？（**階段三**）

　　你認為還有什麼解釋？（**階段三**）

　　所以，以後你會怎麼做？（**階段四**）

3. **偵測自我內言**：諮商師偵測當事人的自我內言，主要是發現當事人
　　內心經常出現的心聲，而造成生涯困擾或問題的內言，幾乎是消極
　　負向的聲音。諮商師除了在諮商過程中運用這種方法外，還可以教

導當事人做負向內言的自我監測，以及改變和建立正向內言的練習，這就是 Meichenbaum（1977）提倡的自我指導訓練。下面例子的後半段對話，就是諮商師偵測當事人負向內言後的改變教導，為了便於瞭解和運用而一起呈現。

當事人：我常常就是不敢嘗試，所以失去許多機會。

諮商師：想一想，從過去到現在，當你碰到不敢嘗試的事情時，你的心裡在想什麼？

當事人：我是不可能成功的，就像過去一樣。

諮商師：就好像心裡有個聲音在告訴你自己會失敗，是嗎？

當事人：對！就是這樣。

諮商師：我想這個聲音是你一直不敢去嘗試的障礙，你覺得呢？

當事人：真的是，那我該怎麼辦？

諮商師：這是一種負向的自我內言，也就是消極的自我對話，它一直在阻礙著你嘗試和前進，所以你必須改變這種負向的自我內言。

當事人：我也很想啊！但怎麼能改變呢？

諮商師：我跟你談了許多，發現你有不少的優點和能力。如果你對自己不再重複這種負向內言，而是在心裡不斷地出現積極正向內言，如我是有能力的、我會成功的，你就能有信心抓住許多成功的機會。

階段三：舉證和驗證

舉證的目的是，諮商師引導當事人對自己非理性或不良適應的信念提出支持證據，並加以探討這些證據是否正確或合理；而驗證是諮商師鼓勵當事人採取行動，去證明自己的信念正確或合理性如何。以下舉一個大學三年級的當事人為例：

當事人：我覺得自己不適合讀法律這個科系。

諮商師：你怎麼知道自己不適合讀法律科系呢？

當事人：我聽到許多學長們講述過他們實習的情形很無趣，我想我自己很難適應。

諮商師：你說的許多學長，有多少位？

當事人：喔，大概五、六位吧。

諮商師：聽起來不是很多，他們能代表全部人的經驗嗎？

當事人：嗯……，你的意思是？

諮商師：我想還有很多的學長會有不同的經驗。

當事人：也許是吧！每個人的感受都會不一樣的。

諮商師：所以，為何不去請教其他的學長？我們下週再討論，好嗎？

當事人：好的，我願意多聽聽別人的經驗。

階段四：改變和行動

如果當事人經過證明自己原先的信念，確是非理性信念或不良適應信念，諮商師則需鼓勵他改變原先的非理性或不良適應信念，並建立理性或

良好適應的信念，以及採取實際的改變行動。接續階段三的例子，過了一週的會談中：

當事人：上週我請教了其他三、四位學長，發現實習並不是那麼無趣。

諮商師：喔，他們怎麼說的？

當事人：他們覺得可以學到一些實務的經驗，他們說……。

諮商師：所以，你現在的想法是？

當事人：我太擔憂了，原先想自己很難適應，現在覺得還好。

諮商師：我想實習跟實際的工作情形還是有一些差距，你覺得呢？

當事人：嗯，肯定是的。

諮商師：所以，你之前說自己不適合讀法律這個科系，現在呢？

當事人：我想今年暑假先去實習兩個月，看看情形再說。

諮商師：很好，也許你會有不一樣的收穫。

當事人：萬一實習後，我真的覺得自己不適合讀法律科系，怎麼辦？

諮商師：我鼓勵你先放下自己不適合讀法律科系的想法，放寬心去多聽、多看、多學。如果真的不適合，我們再來討論其他可能的發展。

第三節　運用測量方法

在生涯諮商中，測量方法也扮演著一個重要的角色。諮商師可根據測

量所得資料來規劃和評估諮商方案，而透過測量結果也能協助當事人理清問題的本質，並從中獲得自我洞察（insight）和增進自我瞭解，並做出改變計畫和行動。因此，測量的過程具有諮商的功能，正如一些研究指出，諮商師將測量結果回饋給當事人，當事人便可能從中得到實質的幫助。

一、心理測驗

根據 Watkins、Campbell 和 Nieberding（1994）的調查指出，受調查的諮商師使用心理測驗的目的是：增進當事人的自我瞭解、協助當事人做決策，以及鼓勵當事人參與諮商過程。

許多當事人前來諮商時，常期望有一個權威而有力的測驗能告訴他們準確的生涯方向，遺憾的是，現今並沒有如此完美的測驗存在。雖然測驗在探索的過程中扮演重要的角色，但是任何測驗都是有其限制的，這是諮商師必須明白的事實，也是為何使用心理測驗需要基本訓練的理由所在。

以下簡略介紹幾個國內外在生涯諮商常用的心理測驗，如：生涯信念調查表、生涯決策量表、職業興趣量表、生涯發展調查表、生涯成熟調查表、職業組合卡等。由於國內這方面測驗較少，有的也多為翻譯和修訂的測驗，致使在運用上受到限制。不過，諮商師仍可自編一些簡單的測驗，做為諮商時的輔助工具。

1. **生涯信念調查表**（Career Beliefs Inventory）：生涯信念調查表的測量內容包括開放度、控制性、冒險性等（Krumboltz, 1991），通常在諮商初期使用，目的在探索和瞭解影響當事人生涯發展的內在假設。此調查表雖然提供了一些興趣及態度測驗所無法提供的資訊，

但因為其有心理計量方面的限制。因此，與其說它是一種測驗，不如視為晤談的輔助工具來得較為適當。

2. **生涯決策量表**（Career Decision Scale）：是由 Osipow（1987）所發展，是一個能幫助和指出當事人對生涯猶疑原因的工具，包括確定量表和未確定量表。CDS 的主要測量內容，包括遲疑不決的感覺、內在和外在的阻礙、雙趨衝突、依賴性等，主要來探索和瞭解當事人遲疑不決的可能原因。

3. **生涯發展調查表**（Career Development Inventory）：為 Super 等人根據其生涯發展理論編製而成，目的為評估學生在做教育或工作選擇時的準備度，包括工作世界的認識、生涯計畫、探索、決策等，調查表有中學、大學和成人三個版本。

4. **生涯成熟調查表**（Career Maturity Inventory）：奠基於 Crites（1978）的生涯發展模式，其目的是為了測量生涯規劃的態度、生涯規劃的能力及生涯成熟度等。中文版是由多位學者修訂而成，但發現所調查的中學生和大學生各方面的生涯成熟度均有不足，致使測驗結果解釋受到限制，但做為諮商師用於引導當事人對生涯的自我探索，仍有一定的實用價值。

5. **工作價值調查表**（Work Values Inventory）：是以 Super 的生涯發展研究與諮商為主軸而發展出來的評量工具，其目的為分析當事人對工作情境的內在價值或目標：創造力、智慧激發、成就、獨立、聲望、經濟上的報酬、安全、環境、督導關係、朋友關係、生活方式與多樣性等（Watkins et al., 1994）。中文方面，有袁志晃修訂的初

中生適用版、夏林清修訂的高中生以上適用版，以及陳英豪修訂的大專生適用版等三個版本。

6. **史氏興趣量表**（Strong Interest Inventory）：包含八個分量表：職業類別、學校科目、一般性活動、休閒活動、人格類型、配對活動之間偏好度、個人特質、工作型態之間偏好度等（Harmon, Hansen, Borgen, & Hammer, 1994）。大部分的題項要求當事人回答喜不喜歡某項工作或活動。

7. **庫德職業興趣調查**（Kuder Occupational Interest Survey）：包含職業興趣估計以及職業與大學科系量表，是以當事人的興趣與不同職業團體做比較而設計（Kuder, 1988）。其中職業與大學科系量表，也可以用來預測在未來職業或大學科系中可能的成就。

8. **職業組合卡**（Vocational Card Sort）：是另一種心理測驗形式（Peterson, 1998），金樹人（2001，2002）根據 Holland 的生涯類型論編製了《職業興趣組合卡》，其主要的實施步驟，是讓當事人先依照六十張卡片上標示的職業做喜歡及不喜歡的分類，接著諮商師要求當事人分別對所選的喜歡和不喜歡的職業中，說明喜歡和不喜歡的理由或原因，進而幫助當事人歸納出喜歡和不喜歡的職業特性，以及實際、研究、藝術、社會、企業、傳統等六種主類型和次類型（見第二章）。在分類活動進行中，當事人不僅瞭解自己的職業興趣類型，也透過這些過程對自己生涯知識和瞭解的成熟度有所領悟。整個過程可視為一種測量當事人生涯發展的主觀方法，也是對其生涯探索的一種刺激。

9. 生活彩虹探索：是一份嚴謹的綜合評量工具，林一真（2007）嘗試將 Holland、Edward、Gordon 及 Super 等生涯理論大師的經典理念，融入我國國情所編製而成。藉由本測驗的施測與解釋，可激發探索者對自我的人格類型、興趣、能力、個人需求與價值觀作鳥瞰式的瞭解，探索工作、學習或生活方向，檢核目前環境與本身人格類型及價值觀的適配度。在學校可協助建立學生及科系資訊檔案，作適切的生涯諮商輔導及教育；在企業界可當作團隊建立與診斷、組織風氣評估時的參考，幫助企業主管瞭解員工的價值觀、個性，以增進組織管理效能。

二、行為觀察

行為觀察（behavioral observations）與當事人可以被觀察和量化的行為有關，觀察可以是預先計畫，或是以最近發生的事件為基礎。諮商師可針對當事人較常發生在自然情境下的行為進行觀察，通常會記錄當事人行為的發生頻率或次數，如行為改善的百分率、專注在工作上的時間長短、說話時猶豫的次數等。行為觀察的優點在於直接與當事人所關切的行為有關，而且行為的改變通常可以當做諮商目標的一部分，也對諮商策略和方法提供參考線索。

三、傳記式測量

傳記式測量（biographical measurement）與當事人所報告的，或過去紀錄所描述的成就或經驗有關，如：作文、日記、入學申請表格、學業成

績、課外活動獎狀、業餘嗜好作品等。

　　傳記式測量的價值，正如一句心理學格言所述：「未來行為表現的最佳預測效標是過去的行為表現。」例如預測大學成績最好的一個指標，是高中成績；而在學校有突出領導表現的學生，在未來工作上也可能是優秀的管理者。

　　傳記式測量是一個既經濟又有效的方法，一些如領導經驗或創造性成就等不易測量的主題，運用傳記式測量則能提供有用的訊息。傳記式測量雖然可以獲得大量的資訊，但諮商師則需要與當事人或熟悉當事人情況的人多多溝通，才能進一步確定這些資訊的意義。

四、生理測量

　　生理測量（physiological measurement）在瞭解當事人行為上有愈來愈重要的趨勢。生理測量與非自主性的生理狀態和功能有關，包括體溫、膚電反應、肌肉收縮反應、血壓等。

　　一般而言，生理測量在生涯諮商中較少使用，除非有特別考慮，如當事人生理狀態嚴重影響其心理反應，或想以系統減敏感法降低當事人焦慮等。有些生理測量工具較複雜，如使用生理回饋系統，需要諮商師有長期的專業訓練，因此建議最好轉介給這方面的專家處理。

CHAPTER **06**

有效運用資源

　　有效運用資源也是生涯諮商的重要策略和方法。諮商師在當事人對自己有更清楚的瞭解之後，諮商的重心應該擴展到當事人的生涯資源運用上，也就是幫助當事人對這些生涯資源有更多的瞭解，以及得到最合理的運用。因為，這些資源可以帶給當事人相當大的助力，但如果運用不善，也可能成為當事人生涯發展上的阻力。例如：當事人的高學歷可能在就業市場上，讓他有較好的競爭力，但也可能因父母期望或社會價值觀，讓他陷入高不成、低不就的困境。

　　當事人的生涯資源，包括內在資源和外在資源：內在資源是指當事人本身的特質和能力；外在資源則是當事人周遭可利用的人、事、物。在第四章和第五章中，已就內在資源的探索和瞭解作了很清楚的探討和闡述，在這一章中，我們的主要目的是探討，諮商師如何幫助當事人尋求和獲取對自己有幫助的外在資源，尤其是利用目前日益受重視的網路資訊，最後將當事人的內在資源與外在資源加以整合，使其成為當事人生涯計畫與行動的有用知識和支持力量。

第一節　尋求外在資源

通常,當事人的外在資源大致可分為生涯資訊(career information)和社會支持(social support)兩類:生涯資訊是指當事人獲得學校教育、專業訓練、工作和休閒,以及就業市場的趨勢等資訊的充分性和有效性;社會支持是指當事人得到家庭、學校、社會、政治、經濟等支援的多寡程度。

關於當事人的學校教育、專業訓練、工作和休閒等生涯資訊因人而異,而且多樣複雜的資訊內容也不勝枚舉。因此,本節主要介紹就業市場的趨勢、蒐集資訊的步驟和社會支援,並以諮商師與當事人的對話為例,說明蒐集資訊和獲得重要他人資訊的諮商過程。

一、就業市場的趨勢

許多當事人前來諮商的目的,就是想讓自己的未來有一個滿意的結果,他們希望自己在接受了教育或訓練之後,能找到一個符合自己興趣或能滿足自己要求的工作,並能在將來得到良性的發展。諮商師雖然無法、也不可能對各行各業都瞭若指掌,但應該瞭解現行的就業市場需要具備何種工作技能的人才,並且能清楚五年到十年的一般就業市場趨勢。

雖然目前的就業市場呈現出不斷與時變化的趨勢,但還是有其共通性的要求和內容。在下面介紹的這些趨勢中,前十點為整理 Herr(1999)及 Storey(2000)的觀點,後三點為筆者的觀點。這些觀點僅僅是從宏觀的角度來看就業市場的一般趨勢,並不能代表就業市場的全貌。因此,諮商師

要根據當事人的具體情況，適當地引用其中一些觀點，才能給與當事人最好的指引和建議。

1. 愈來愈需要高學歷和高水準的專業訓練。

2. 強調全球化（多國式）的企業經營概念。

3. 傳播媒體和資訊技術的日新月異。

4. 公部門機構的管理權力減低。

5. 就業市場的人口因素變化，如就業年齡降低、退休年齡提早、女性和少數民族工作機會增加等。

6. 組織型態和結構的改變，如大型企業集團興起、中層管理人員減少、組織精簡或裁併情形增多等。

7. 較彈性的就業方式，如臨時和兼差工作機會增加、更多彈性的工作時間、更多個人工作室成立等。

8. 價值觀改變，如重視工作與休閒的平衡、關懷環境問題、接受夫妻分地工作的現實等。

9. 心理契約的明顯改變，如對組織的忠誠度降低、論件計酬的責任制、往高薪處跳槽、不受雇於人的個體戶等。

10. 工作不安全感增加，如終身或資深員工的保障減少、較多契約式的工作、較長的無業或待業時期等。

11. 重視終身學習的機會：如回校進修高學歷、參加在職培訓或研習、自修網路教育課程、退休後成為電視大學的學生等。

12. 強調全人發展的觀念，如工作與家庭生活的和諧、生理和心理健康的並重、理性和感性的統整、想法和行動的一致等。

13. 兼顧個人生涯與組織生涯的發展，如追求組織利潤、不忘關照員工的個人發展、讓員工加入公司股東或擁有公司上市股票、員工根據組織的未來發展計畫、訂定個人的生涯目標等。

二、蒐集資訊的步驟

諮商師指導當事人瞭解和熟悉蒐集資訊的步驟，可以使尋找資源的過程更有效率。一般而言，諮商師幫助當事人蒐集資訊的步驟如下：

1. **討論蒐集資訊的主題**：蒐集資訊的第一步是，諮商師幫助當事人澄清自己問題所需要的資訊是什麼，如專業的內涵、專業未來的發展、個人興趣或性向等。如果所需的資訊是一個以上，諮商師應提醒當事人排列優先順序，然後按部就班蒐集。

2. **決定蒐集資訊的方向**：諮商師引導當事人思考需要哪些資訊，並且選擇適當的蒐集工具，如到圖書館尋找相關的書籍、雜誌、百科全書、報紙等，或上網蒐集學校或工作的介紹、職業興趣測量工具、就業市場的發展趨勢等。

3. **瞭解蒐集資訊的程序**：無論是使用何種蒐集資訊的工具，諮商師必須瞭解當事人使用工具的熟悉度，如果當事人不是很清楚蒐集資訊的程序，則需要先做學習和瞭解，這樣蒐集工作才有效率，如圖書館找資料的流程、上網蒐集的步驟等。關於如何利用網路資訊，將在下一節說明。

4. **評估蒐集資訊的價值**：蒐集來的資訊必須經過篩選和整理，才能對當事人的問題有實質幫助。因此，諮商師要與當事人討論一些篩選

的標準或原則，讓當事人先做初步的整理，如注意資訊本身與主題之間的關聯性，選取有用的資訊，排除無用的資訊。之後，諮商師再與當事人一起評估蒐集的資訊對解決生涯問題的價值。

在這蒐集資訊的過程中，諮商師要鼓勵當事人記錄下每個步驟的主要內容，除了有提醒的作用，也是讓當事人獲得蒐集資訊的學習經驗。

三、諮商案例

芳芳是某大學一年級教育系的女生，在學期結束前一個月左右，來心理諮商中心求助，她的苦惱是讀了將近一年的科系，對自己專業的內涵和未來發展感到茫然。

初次會談。經過當事人敘述自己苦惱之後，其中一段對談如下：

諮商師：聽起來，你對自己的科系並不是沒興趣，而是對它將來的發展不清楚，是嗎？

芳　芳：我是很喜歡從事教育的工作，只是教育似乎涵蓋面很廣。

諮商師：涵蓋面很廣？你的意思是……？

芳　芳：聽說要學的東西很多，而且也不清楚將來能做什麼。

諮商師：你的問題似乎包括了專業的內涵和未來的發展，當然這二者是有關聯的。

芳　芳：嗯，確實如此。那我該怎麼清楚自己專業的內涵和發展呢？

諮商師：我並不瞭解你的科系，我們為什麼不先做一些瞭解？你覺得呢？

芳　芳：好，我該從哪裡著手？

諮商師：首先，我們先瞭解教育專業的內涵。不過，內涵聽起來較抽象，你認為有什麼具體的項目可做較清楚的瞭解？（**討論蒐集資訊的主題**）

芳　芳：我想，我需要蒐集一些資訊。比如說，瞭解高年級要學習的科目和課本，或者請教學長們的經驗。

諮商師：還有，離學期結束還有一個月，有沒有機會去旁聽一些高年級的課？

芳　芳：有的，但是我需要一段時間去瞭解這三方面的資訊。（**決定蒐集資訊的方向**）

諮商師：我想知道你打算怎樣進行？比如說什麼時間開始？怎麼進行？（**瞭解蒐集資訊的程序**）

芳　芳：我可以從明天就開始進行。瞭解高年級要學習的科目比較簡單，只要去系辦公室要課表資料就可以了。關於使用課本，我可以在請教學長的同時，借他們用過的舊課本來閱讀。對了！旁聽高年級的課可以去系辦公室時查一下，找一些自己有時間旁聽的科目，可能需要跟上課老師談談，得到他們的同意。

諮商師：這三方面的資訊可能很多，有什麼原則能讓自己有效率地找到有幫助的資訊？比如說有許多學長可以請教，該找誰去請教？而且他們可能很忙，談話的時間有限，有什麼重點向他們請教？

芳　芳：我想先找三位學長，每年級至少一位，最好是成績在前十名的學長。事前，我會擬出幾點請教的問題。

諮商師：那旁聽高年級課和借課本有沒有類似的挑選原則？

芳　芳：嗯，我想旁聽教育哲學、教育行政和教育心理學這三門必修的課爲優先，借的課本就是這三個科目用的書。

諮商師：現在你很清楚蒐集資訊的方式和步驟，你需要多少時間蒐集？

芳　芳：我大概需要兩週左右的時間，可是接下來是期末考試了，我怕沒時間再來談了。

諮商師：我們約在你期末考試後再談，好嗎？提醒你，在你蒐集這些資訊的過程中，要把蒐集的重點記下來，這樣我們好一起討論。

芳　芳：太好了，我會先預約時間的。

第二次會談中的一段對談：

芳　芳：我得到了不少的資訊和資料，也做了一些筆記。

諮商師：這些資訊和資料對你都是有幫助的嗎？（**評估蒐集資訊的價值**）

芳　芳：大部分是的。你看，筆記裡劃上紅線的是重要的，藍色打叉的是無用的。

諮商師：歸納起來，你的心得是？

芳　芳：我對教育哲學、行政方面沒興趣，而對心理學比較有興趣；

自己個性也適合當老師，而且是小學老師。

諮商師：喔，小學老師，教什麼科目？

芳　芳：我想當心理健康教育的老師，除了心理學，聽學長們說心理諮商的課也很有趣。

諮商師：看樣子，你又向前進了一步。現在放假了，有什麼打算？

芳　芳：我準備到圖書館去借或去書店買幾本心理學和心理諮商的書籍看看。

諮商師：下學期呢？

芳　芳：嗯，我會找時間去旁聽心理諮商的課；現在我對於自己的專業內涵清楚多了。

諮商師：好極了，下學期有需要我們可以繼續談。

諮商師在幫助當事人蒐集資訊的過程中，還有一個原則要掌握：如有機會，要適時地將當事人的資訊做一些經驗的連結。例如，諮商師提問：「這次不錯的打工經驗對你的生涯有什麼影響？」「你覺得上學期有興趣的兩門科目，讓你對所學的科系有新的認識嗎？」「我很欣賞你在辯論社的優異表現，你想這對自己今後的工作有什麼幫助？」等。

四、社會支持

廣義的社會支持較不易瞭解或預知，如經濟狀況、社會價值、政策方向等。因此，諮商師不需要過度費神去掌握這些資訊，只要隨時留意媒體的相關報導就可以了，並將一些有意義的資訊進行存檔，以備需要時使

用。

　　諮商師幫助當事人運用社會支持，一個立即可得且具體的方法是：蒐集當事人周遭重要他人的資訊。重要他人（significant others）指的是當事人個體以及心理人格形成的過程中，具有重要影響的具體人物，如父母長輩、兄弟姐妹，或老師、同事、好朋友等。因此，對當事人的生涯發展而言，周遭的重要他人同樣對其有很大的影響力。所以，在生涯諮商時，諮商師常需要瞭解誰是當事人的重要他人、什麼形式的社會支持（包括不支持或反對）、支援的程度如何等。重要他人的社會支持有幾種方式，如金錢、物質、意見、情感的支持等。而有些重要他人的支持可能兼有金錢、意見和情感的支持，但也可能會隨時間而改變。

　　獲得重要他人的資訊有許多不同的方式，如從當事人口中得知、電話或親身訪問重要他人、邀請重要他人參與諮商等。Amundson（2003）建議可使用「重要他人問卷」（Significant Others Questionnaire）直接獲得有用的資訊，包括他人對當事人的看法和對其未來方向的建議。回答者是當事人認為的重要他人，如父母、同學、朋友等。在詢問重要他人意見之前，諮商師先要與當事人商量誰是最適合做此問卷的人，而且問卷裡的題目可視情況增減或修改，得到的資訊也要與當事人一起整理和討論。現說明如下：

　　你的意見對 ＿＿＿＿＿＿（當事人姓名）未來的生涯計畫很重要，請你真誠地回答下面問題：

　　1. 你認為這個人擅長什麼？有哪些能力？

2. 以你的看法，這個人的主要興趣是什麼？

3. 你會怎麼描述這個人的特質？

4. 從過去至今，你注意到這個人有哪些正向的改變？特別是在工作或工作價值觀方面。

5. 這個人在哪方面需要持續改進？

6. 你注意到這個人有哪些正向的能力和特質，是他自己沒有發現的？

7. 如果要你建議，你認為這個人理想的工作或生涯的遠景應該是什麼？

繼續以上述芳芳的案例，來學習如何幫助當事人找到重要的他人。

諮商師：我們談到了你對自己一些能力和興趣的瞭解，如果從熟悉你的人來看，他們會有相同或不同的看法嗎？

芳　芳：我不瞭解你的意思。

諮商師：我的意思是，蒐集一些別人對你的看法或建議，可能會對你做決定有幫助。這裡有一份問卷，你看看。（將一份問卷拿給當事人）根據我們的經驗，它可以蒐集到一些有價值的資訊。

芳　芳：我蠻喜歡這種方式，該怎麼進行呢？

諮商師：好，讓我們先討論一下。你覺得誰是影響你生涯發展的重要他人？或者這樣說，誰最瞭解你？

芳　芳：我想我母親最瞭解我，其次是我的男朋友。

諮商師：他們願意回答這個問卷嗎？

芳　芳：我的男朋友沒問題。我的母親在家鄉，離得較遠。我可以在電話裡請她回答嗎？我做記錄。

諮商師：可以，但要是真誠的回答。

芳　芳：喔，我會告訴她，我也不會影響她的看法。

諮商師：那好，就請你男朋友和母親幫忙。一週的時間夠嗎？

芳　芳：夠了，下週我把他們的看法整理好帶來。

　　另一個直接獲得重要他人資訊的方式，就是在得到當事人的同意之下，邀請當事人的重要他人參與某一次的諮商，討論的主題如問卷裡的內容。如果邀請當事人的父母參與，Amundson 和 Penner（1998）建議最好讓他們主要擔任觀察者的角色，否則諮商可能有被他們控制的危險，但這並不意味當事人的父母不能表達意見，其主要的用意是讓當事人不受到在場父母的影響，而能坦承地表達自己的想法。而筆者的看法是，既然邀請當事人的父母來參與，不讓他們暢所欲言似乎很難，因此，諮商師最好的處理方式是，在開場時先說明談話的目的是增進彼此的瞭解和溝通，以及提出一些談話的規則，如父母與孩子雙方輪流表達意見、不輕易打斷對方的話、尊重和接納對方的觀點等。

第二節　利用網路資訊

　　在生涯諮商中，網路資訊可以說是一個很好的外在資源。為了有效地使用網路資訊，諮商師必須對網路系統有相當的瞭解，這樣才能根據當事

人的需求提供或找到能滿足需要的資訊，並且幫助當事人將這些的資訊轉換為對他自己有價值的資源。

　　首先，諮商師要考慮兩個利用網路資訊的原則：一是當事人的問題是否需要使用網路資訊，如果當事人的問題已經從其他的途徑獲得了足夠的資訊，則沒有必要浪費時間使用網路，何況過度使用網路不見得是好事；二是當事人使用網路的勝任能力如何，即使當事人確實需要網路資訊，但使用電腦的能力不足，使用網路則會受到限制。諮商師雖可以協助他尋找網路資訊，但仍應由當事人承擔大部分工作，除了因為當事人必須對自己的問題負責外，當事人尋找資訊也是一個重要的學習過程，而幫助當事人學習正是生涯諮商的主要目標之一。

　　其次，諮商師要準備的是，面對大量的網路資訊，如何知道哪些網站資訊適合使用？而且，在建議或指導當事人使用之前，諮商師自己必須經常瀏覽相關網站，擁有一些隨時可與當事人討論、利用的網站名單，而不是需要時才臨時去找。 Amundson 等人（2005）提供諮商師做準備的方式和步驟如下：

1. 列出當事人的需要和關心的資訊，如：

　　◎我的興趣是什麼？

　　◎我有什麼能力？

　　◎如何轉換自己的技術到別的工作上？

　　◎如何寫一個好的履歷表？

　　◎如何找工作？

　　◎如何學習成為一個工作者？

◎如何找學校？

◎如何得到一些外在的經濟支援？

◎如何與相關的網站連結？

◎如何準備出國留學的語文測驗？

◎如何瞭解某個行業的專門知識？

2. 使用一些參考書籍：根據第一點列出的問題，上網尋找一些生涯發展、職業規劃、找工作、心理測量等相關網站的資訊。有必要的話，去書店選購此類書籍做為諮商的參考工具。

3. 花時間使用選擇出的網站，考慮下面幾個原則和問題：

◎合法：是個人或機構的網站？是立案的網站嗎？

◎專業：提供的資訊或測驗是否可信？提供者的資歷和職業水準如何？

◎更新：提供的資訊是否常更新？更新的日期是何時？

◎友善：是否容易使用？編排的網頁是否吸引人？

◎安全：申請使用的資料是否安全？ email 或電話是否能保密？

◎費用：使用的費用是多少？是否有優惠？

4. 將選擇出的網站列表，熟悉每個網站的使用方式。由於網站的網頁經常更新，應定期上線瀏覽。

5. 複製網站首頁或手冊，以備當事人需要。提供當事人一份參考用的書面資料，這有助於他更容易選擇所需要的網站資訊。

6. 跟隨當事人使用網站一段時間，隨時與他討論使用的情形，如篩選網站的標準、淘汰資訊的原則、資訊的優先順序等。同時，幫助當

事人如何將資訊應用在生涯選擇或規劃上。

第三節　整合生涯資源

　　透過尋找外在資源和利用網路資訊等途徑，當事人都能或多或少獲得一些有用的資訊和資料，此時，諮商師的任務就是幫助當事人，把已經擁有或獲得的外在資源與個人內在資源做整合，讓這些資源和資訊對當事人的生涯發展或解決生涯問題產生實用的價值，這也是諮商師責無旁貸的努力目標。

　　諮商師引導當事人整合生涯資源，是生涯諮商的一個重要過程，也是一個不容易的工作，下面介紹兩個諮商師較容易瞭解和運用的方法。

　　第一個整合生涯資源的方法是，諮商師在整合的過程中，幫助當事人思考下面四個問題（羅文基、朱湘吉、陳如山，1992）：

1. **我可以做什麼**：如自己所處的環境提供了什麼機會？
2. **我能夠做什麼**：如我有從事何種職業的能力？
3. **我想要做什麼**：如我的興趣和價值觀導引我往哪個方向發展？
4. **我應該做什麼**：如我在社會應該負起何種責任？我的家人和親友對我有何種期望？

　　諮商師在引導當事人思考這四個問題時，應隨時提醒當事人將問題的答案做整理和記錄，以便進行整合資源的諮商參考。

　　另一個整合生涯資源的方法，就是近年來很受企業管理重視的 SWOT 分析法。SWOT 分析法又稱為態勢分析法，是由三藩市大學的管理學教授

於 1980 年代初提出來的。它能夠較客觀而準確地分析和研究一個企業的現實情況，對組織實施評估，以增加企業的競爭力；SWOT 也常常做為市場行銷管理的分析工具。

SWOT 方法是一種系統思維，它的優點在於考慮問題全面，條理清楚，便於檢驗，而且可以把對問題的「診斷」和「開處方」緊密結合在一起。

SWOT 四個英文字母分別代表「優勢」（Strength）、「弱勢」（Weakness）、「機會」（Opportunity）、「威脅」（Threat），簡要說明如下：

1. **優勢**（S）：當事人的優點和成功之處，如專長能力、過去成就表現、擁有的社會支持等。

2. **弱勢**（W）：當事人內在和外在的不利因素，如有待加強的能力、個性的缺點、外在環境的限制等。

3. **機會**（O）：當事人各方面可能拓展或創新之處，如增進能力的教育或訓練課程、得到別人幫助或支持的方法、讓自己成長或充實的途徑等。

4. **威脅**（T）：阻礙當事人發展和成功的因素，如自信心不足、他人的負向影響、競爭的壓力等。

從整體上看，SWOT 可以分為兩部分：第一部分為 SW，主要用來分析內部條件；第二部分為 OT，主要用來分析外部條件。諮商師可以進一步運用這四個因素的配對策略，幫助當事人做出較正確的決策和規劃。

1. **加強優勢、爭取機會**（SO: Maxi-Maxi 策略）：此為最佳策略，充分利用當事人的優勢，以獲得發展的機會。

2. **加強優勢、降低威脅**（ST: Maxi-Mini 策略）：當事人面對威脅時，利用自己的優勢，以克服或降低威脅。

3. **改進弱勢、爭取機會**（WO: Mini-Maxi 策略）：當事人利用外在各種可能的機會，以減少本身弱勢造成的障礙。

4. **改進弱勢、降低威脅**（WT: Mini-Mini 策略）：當事人面對威脅時，改進本身弱勢，以克服或降低威脅。

諮商師可利用表 6-1，引導當事人分別先列出自己的 S 、 W 、 O 、 T ，然後再一一思考和討論有什麼 SO 、 ST 、 WO 、 WT 的策略。

表 6-1　SWOT 分析與發展策略

	列出優勢（S）	列出弱勢（W）
列出機會（O）	探討 SO 策略	探討 WO 策略
列出威脅（T）	探討 ST 策略	探討 WT 策略

我們每個人都有自己獨特的技能、天賦和能力，找出自己的短處與發現自己的長處同等重要。諮商師利用 SWOT 的原理和架構，透過對當事人進行生涯評估和生涯資源的整合，幫助當事人找出對自己有利的、值得發揚的因素，以及對自己不利的、要避開的東西，發現存在的問題，找出解決辦法，並明確以後的發展方向。

根據這個分析，可以將生涯問題按輕重緩急分類，明確列出哪些是目前亟需解決的問題，哪些是可以稍微拖延一點兒的事情，哪些屬於戰略目標上的障礙，哪些屬於戰術上的問題，並將這些研究對象列舉出來，依照矩陣形式排列，然後用系統分析的做法，把各種因素相互匹配起來加以分

析，將一些以前認為是互不相干的因素聯繫起來，從而使自己在未來的競爭中更具優勢。

需要說明的是，諮商師所做的 SWOT 分析必須符合當事人的生涯發展或生涯問題，而且之前必須經過探索當事人生涯問題、增進當事人自我瞭解以及評估當事人資源等步驟。關於探索當事人生涯問題（第四章）、增進當事人自我瞭解（第五章），以及評估當事人資源（本章第一節）已在前文介紹過，在此不再贅述。

下面這一段諮商師與當事人的對話，我們仍以上述芳芳的例子，諮商的重點放在了她未來的發展上，來說明運用 SWOT 分析的過程和發展策略。

諮商師：到目前為止，你已經蒐集到了許多資源和資訊，包括自我的瞭解、他人提供的資訊、網路資訊等。下一步需要我們把它們整合成為對你有用的資源。

芳　芳：對啊！這麼多，該怎麼辦？

諮商師：我這裡有一個整合資源的表格，稱之 SWOT 分析法。S 的意思是……，W 的意思是……（諮商師一一解說 SWOT 的因素和策略）

芳　芳：我瞭解，那要從哪裡開始？

諮商師：先從你的優勢（S）開始，到目前為止，在你蒐集的資源和資訊中，將你的專長、能力、優勢條件、社會支持等，在這空白表中 S 的一欄列出來。

芳　芳：嗯，我的個性溫和……，我的能力有……（敘述省略）

諮商師：我們再來看 W……（繼續討論 W、O、T）

芳　芳：我的弱勢是……（繼續列出 W、O、T）

經過一段時間，芳芳已分別列出自己的 S、W、O、T，接下來……

諮商師：請你把自己寫的再過目一遍，看看有沒有遺漏或需要修改的
　　　　地方。

芳　芳：嗯，我看……大概差不多了。

諮商師：沒關係，想到什麼還可以修改。我們先來看看什麼是 SO 策
　　　　略，所謂 SO 是如何充分利用你的優勢，來爭取發展的機
　　　　會。

芳　芳：利用我的優勢怎麼爭取機會呢？

諮商師：我們來看看你列出來的機會是：第二專長訓練、某機構暑假
　　　　招募兒童夏令營輔導員、老師和畢業學長常提供工作機會。
　　　　這第二專長訓練是什麼？

芳　芳：這是我們教育系學生從二年級開始，可以選擇中文、數學、
　　　　英文、歷史、地理等為第二專長，做為將來當老師時的任教
　　　　科目。

諮商師：以你的興趣和能力，考慮選什麼科目為第二專長？

芳　芳：當然是英文啊，有興趣，而且自己的英文能力還不錯。

諮商師：還有你肯學習的優點啊！

芳　芳：你真的會鼓勵人。

諮商師：我們再來看看應徵夏令營輔導員的機會，你想這些優勢中有
　　　　哪些可以讓自己順利通過面試？

芳　芳：我會以真誠的態度去面試，表達自己肯學習、喜歡孩子以及
　　　　曾有的家教經驗，還有讀教育專業也許有加分作用。

諮商師：那你現在能不能試著表達一次？

芳　芳：從哪裡開始？

諮商師：就從自我介紹開始，把你剛才說的優勢加進去。假設我是口
　　　　試的人，我會問你：「請你介紹一下你自己，包括有什麼優
　　　　勢和能力？」

芳　芳：好！我是陳芳芳，現在就讀於……，我的長處是……。

（演練過程省略）

諮商師：其次，如何運用 SO 策略來把握老師和學長提供的工作機
　　　　會？

芳　芳：我想可以真誠、肯學習的態度，多跟老師交流，不僅在課堂
　　　　上，在私下多向老師請教。還有認真學習，給老師好的印
　　　　象。跟學長也應該是同樣的態度和方式。

諮商師：如果我是你的老師或學長，我會很欣賞你，有工作機會便會
　　　　想到你。我們再來看如何運用 WO 的策略，也就是利用外在
　　　　各種可能的機會，以減少本身弱點造成的障礙。

芳　芳：我知道自己的弱點，特別是自信心不夠。我聽說你們心理諮
　　　　商中心每學期都會舉辦一些團體諮商的活動，我想參加肯定

有幫助。關於領導能力的加強，我已報名參加學校暑假的社團幹部訓練。

諮商師：那缺乏小學主科的教學訓練和沒有正式教書經驗，可有什麼改進策略？

芳　芳：二年級開始我會選擇英文做為第二專長，而且在三年級暑假的教學實習時，好好磨練和提高自己的教學經驗。

諮商師：關於 ST 的策略，就是面對你寫的威脅，如應徵夏令營的競爭對手多、老師和學校提供好的工作機會較少。你想，如何利用自己的優勢來克服或減低它們的威脅。

芳　芳：我可以請教有帶過兒童營隊經驗的學長，做一些面試的準備，應該不會有太大的問題。關於老師和學校提供好的工作機會較少，除了剛才說的 SO 策略之外，我要努力用功，讓自己的成績進步，我一年級的成績不理想。

諮商師：你說的這些策略確實會產生好的效果。最後，我們來看 WT 的策略，在對你所說的威脅，如何改進自己的弱點，以克服或降低這些威脅。

芳　芳：除了我要在各方面努力學習之外，我也想請你幫我加強自信心的方法和學習應徵工作的面試技巧。

諮商師：很好的想法，不過得一步一步來。我記下來了，我們下週來談如何加強自信和學習面試技巧。

芳　芳：太好了。

諮商師：恭喜你完成了這個分析和策略表，經過這樣的生涯資源整合

　　過程，你覺得如何？

芳　芳：我覺得對未來不再是茫然，而是有好多事要做。

諮商師：對的，所以要有計畫。

芳　芳：那要怎麼計畫呢？

諮商師：下週我們先談如何加強自信和面試技巧。然後，再談如何計
　　　　畫。（如何訂定計畫將在第八章說明）

芳　芳：我要把這張表帶回去，放在我透明桌墊下，隨時提醒自己。
　　　　謝謝你，我現在踏實多了，再見。

芳芳帶回去的 SWOT 分析和發展策略表如下：

	優勢（S）： 真誠、善良、溫和、肯學習、喜歡小孩、父母和男朋友支持、高中時當過家教經驗、英文程度不錯。	弱勢（W）： 自信心不夠、領導能力較差、教育專業瞭解不足、缺乏小學主科的教學訓練、沒有正式教書經驗。
機會（O）： 第二專長訓練、某機構暑假招募兒童夏令營輔導員、老師和畢業學長常提供工作機會。	SO 策略： 選擇英文為第二專長、演練應徵夏令營輔導員的面試、與老師和學長交流及多請教。	WO 策略： 參加心理諮商中心舉辦的團體諮商活動、參加學校的社團幹部訓練、把握三年級暑假的教學實習機會、選擇英文為第二專長。

威脅（T）：	ST 策略：	WT 策略：
應徵夏令營的競爭對手多、老師和學校提供好的工作機會較少。	請教有經驗的學長、讓自己的成績進步。	與諮商師探討加強自信心的方法、學習應徵工作的面試技巧、各方面努力學習。

CHAPTER **07**

強化諮商效果

　　諮商師在幫助當事人統整資源之後，進行設定計畫和採取行動之前，經常透過一個強化（consolidation）諮商效果的階段，其功能不僅鞏固之前與當事人奠定的諮商成果，而且使之後當事人的改變更為順暢有效。有些諮商師往往太早要當事人訂定計畫或太快催促當事人行動，其結果反而讓當事人對改變卻步，以致前功盡棄。即使勉強當事人對改變訂出計畫或採取行動，也會使當事人認為這是諮商師一廂情願的想法，並非出自於他自己的意願。理由很簡單，諮商師忽略了強化諮商效果的重要。

　　Amundson 等人（2005）即指出，諮商師過早催促當事人訂定計畫的做法，有時只是諮商師個人的主觀經驗和認定，而當事人還沒有進入改變的軌道；有時則是諮商師因自己工作負荷量大，想趕緊結案因此加快諮商步調，而把當事人遠拋到後頭。Amundson 等人更認為無論諮商師的壓力是來自內在或外在，這種匆促的做法，其諮商效果有限是可以預期到的，原因就是諮商師跑得太快。

　　因此，諮商要配合當事人的改變步調很重要。有些當事人雖然清楚自己的問題，也做了資源探索和整合，但仍會有猶豫不定或擔憂卻步的情

況，此時諮商師最需要做的就是強化諮商效果的工作。本章將介紹三個強化的策略：指導做決定、協助設定目標、提昇改變動機，提供諮商師做為增強當事人改變意願和行為的參考。這三個策略不一定都要使用，也沒有前後順序之分，諮商師可視當事人情況運用其中一些原則和方法。如果當事人已有肯定的選擇、清楚的目標及強烈的改變動機，諮商師自然順理成章地引導當事人進入訂定計畫和行動的階段。

第一節　指導做決定

做決定不是一件容易的事，它是一個結合直覺和理性的過程。在諮商中，諮商師幫助當事人做決定的策略也有多種方式，基本的原則是要當事人根據自己不同的生涯選擇或方向，列出想到的考量因素來比較不同的選擇。這種方式雖然可以引導當事人做較周延的思考，但是仍有不足，因為其中一個因素的比重可能即遠超過其他考量的因素，例如：當事人雖然在外縣市有一個很好的工作機會，但是他卻不願意搬家，這一點即是他最具決定性的因素。

諮商師教導當事人做決定的過程中會發現，與當事人討論生涯選擇或考量因素時，當事人的想法常是主觀的認知，缺乏客觀的資訊，此時需要鼓勵當事人回頭去尋找資源，以做更完整清楚的瞭解，否則做出的決定可能會有偏誤或過於理想化。

一、決策平衡單

　　教導當事人做決定的方法很多，在生涯諮商中最常見的一個具體方法，是運用決策平衡技術（decision-making balance），其目的是協助當事人做重大的決定。諮商師透過與當事人討論的過程，澄清和整理出當事人的未來生涯可能的選擇，讓當事人有系統地分析每一個可能的選擇，判斷各個選擇的利弊得失，然後根據其利弊得失做選擇，根據最優先的選擇做計畫或採取行動。有些當事人的最優先選擇是理想目標，他必須花時間先完成近程、中程目標後，才能達到理想的長程目標。例如：某個當事人的理想是十年後做女性保養品公司的經營者，經過與諮商師的討論，他把近程目標設為：進入代理行銷外國女性保養品的大公司工作五年，而中程目標則是研發有特色的多種新產品五年。因此，諮商師此時應鼓勵當事人從近程目標著手，關於設定目標見下一節介紹。

　　決策平衡技術通常藉助表格的方式，此類表格樣式也不少，下面介紹兩種常用的表格。較簡單的表格為雙向細目表，其中一個向度是與當事人討論，並列出自己所有可能的生涯選擇，另一個向度則是協助當事人思考，並列出做決定時考慮的因素，如工資收入、地點、穩定性、升遷機會、出差次數等。這些因素還可依序排列，然後根據重視程度，以 1 至 5 給分。舉例而言：當事人大華，目前有四個生涯選擇，與諮商師討論後列出考慮因素的排序，最後得到的總分可做為當事人做決定的參考。大華的雙向細目表的結果如下：

	生涯選擇			
	自己創業	老師	社會工作者	私人公司秘書
考慮因素				
1. 挑戰性	5	3	3	3
2. 自由度	4	2	2	2
3. 彈性工作時間	4	2	2	2
4. 發揮能力	3	2	2	3
5. 有趣味	3	1	0	2
6. 創造性	3	2	2	0
7. 金錢收入	3	2	2	3
8. 受尊重	4	3	3	2
9. 幫助他人	2	4	4	2
10. 旅行機會	4	2	3	2
總分	35	23	23	21

　　另一個較複雜的表格是「決策平衡單」，原為 Janis 和 Mann（1977）所設計，之後有多位學者仿製成不同的版本，下面介紹其中一種版本提供參考，諮商師使用時可視需要加以修改。原設計者提出人們思考重大事件的四個主題為：

1. 自我物質方面的得失（utilitarian gains or losses for self）。

2. 他人物質方面的得失（utilitarian gains or losses for significant others）。

3. 自我贊許與否（self-approval or disapproval）。

4. 社會贊許與否（social approval or disapproval）。

金樹人（1990）認為，後兩者的意思較籠統，建議改為自我精神方面

的得失和他人精神方面的得失，構成「自我－他人」及「物質－精神」四個向度。下面根據其修改版本，舉一段諮商師與當事人的對話為例，說明其使用要領。

二、決策平衡單的範例

下面以第四章曉陽的案例做說明，讓我們回憶一下曉陽的情形：大學四年級男生，生涯問題是自己即將畢業了，但不知道應該如何做抉擇。因為父母希望他回家鄉找一份穩定的工作，好朋友則勸他留在城市裡一起創業，而自己的理想是考研究所，將來走學術路線。

經過初步的生涯問題探索後，

諮商師：我瞭解你的這些煩惱，甚至焦慮的感覺，知道你畢業後面臨
　　　　著三種選擇：回鄉工作、留在城市創業，以及考研究所。

曉　陽：嗯，我很難做決定，因為這三種選擇各有利弊優劣。

諮商師：這裡有一個幫助你思考的表格，可以幫助你找出最佳的選
　　　　擇，你願意做做看嗎？（拿出空白的決策平衡單）

曉　陽：好。

諮商師：首先，請你先寫上目前的三個可能的選擇。

曉　陽：嗯，選擇一是回鄉工作……（依序寫出三個選擇）

諮商師：然後，想一想這表上所列的考慮因素，如果你認為不是考慮
　　　　的因素或不確定，可以跳過去不寫。

曉　陽：那這加號和減號是什麼意思？

諮商師：加表示正分，是指你認為的優點或有利情況；減代表負分，
　　　　是指你認為的缺點或不利情況。你可以從＋3到－3給分，
　　　　以第一個「個人收入」為例，回鄉工作你會給多少？

曉　陽：嗯，＋2吧！

諮商師：那城市創業呢？

曉　陽：收入可能會少一些，我給＋1。

諮商師：考研究所呢？

曉　陽：研究生沒有收入的，還要花錢，它應該是減分，－2吧！我
　　　　明白怎麼寫了。

諮商師：好極了，請你花一點時間考慮，並一一給分。別忘了，最後
　　　　計算每個選擇的總分，正負分要相加減。

曉陽專心地進行決策平衡單……大約二十分鐘，他完成了決策平衡單
如下。

選擇方案	選擇 1 回鄉工作		選擇 2 城市創業		選擇 3 考研究所	
考慮因素	+	−	+	−	+	−
1. 自我物質方面得失						
◎個人收入	+2		+1			-2
◎健康狀況	+2		+1		+2	
◎未來發展			+2		+3	
◎升遷狀況						
2. 他人物質方面的得失						
◎家庭收入	+2		+1			-3
3. 自我精神方面的得失						
◎休閒時間	+2			-2	+2	
◎社交範圍	+2		+2		+2	
◎生活變化	+1		+2		+1	
◎所學應用	+1		+1		+3	
◎滿足進修動機				+3		
◎成就感			+1		+3	
◎改變生活型態						
◎高挑戰性			+2		+2	
4. 他人精神方面的得失						
◎父母	+3			-1		-1
◎親戚						
合　　　計	15	0	13	-3	21	-6
總　　　計	15		10		15	

諮商師：完成這表，感覺如何？

曉　陽：幫助我想了很多，可是回鄉工作和考研究所是一樣的分數，怎麼辦？

諮商師：別急，我們還要把考慮因素做一些加權，因為你對這些考慮因素的重視程度會不一樣，不是嗎？

曉　陽：是的，那要怎麼做？

諮商師：這有另一個決策平衡單，請你給這些考慮因素一個重視程度的加權分數，最高是4，最低是1。

曉　陽：你的意思是，我給這些因素打上1、2、3、4的比重分數？

諮商師：對！你抓住要領了，先請你對考慮因素寫上你認為的加權分數。

曉陽在考慮因素上一一寫上比重。完成後……

諮商師：現在你把前一個表中的每一個給分，乘上加權分數，最後仍要計算每個選擇的總分。

曉　陽：我知道了。

曉陽開始進行加權的決策平衡，大約十分鐘後，完成的加權後平衡單如下：

選擇方案		選擇 1 回鄉工作		選擇 2 城市創業		選擇 3 考研究所	
考慮因素		+	−	+	−	+	−
1. 自我物質方面得失							
個人收入（×3）		+6		+3			-6
健康狀況（×2）		+4		+2		+4	
未來發展（×2）				+4		+6	
升遷狀況（×1）							
2. 他人物質方面的得失							
家庭收入（×2）		+4		+2			-6
3. 自我精神方面的得失							
休閒時間（×2）		+4			-4	+4	
社交範圍（×3）		+3		+6		+6	
生活變化（×3）		+3		+6		+3	
所學應用（×3）		+3		+3		+9	
滿足進修動機（×3）						+9	
成就感（×4）						+12	
改變生活型態（×3）							
高挑戰性（×4）				+8		+8	
4. 他人精神方面的得失							
父母（×3）		+9			-3		-3
親戚（×2）							
合　　　計		36	0	34	-7	61	-15
總　　　計		36		27		46	
優 先 順 序		2		3		1	

諮商師：很高興看到你用心地完成這表格，現在你的感覺是……

曉　陽：看樣子我還是覺得考研究所的選擇最好。

諮商師：是的，雖然考研究所對自己和家庭收入、父母期望方面不利，但在你重視的所學應用、滿足進修動機、成就感、高挑戰性等因素上得到高分。你有什麼想法嗎？

曉　陽：經過這個決策平衡表的完成，我更堅定了我的選擇。其實我已開始準備考研究所的功課，只是最近心情較亂，現在我可以定心準備了。

諮商師：好極了，為你的努力加油打氣。我還關心一件事，你如何去跟父母和朋友說你的決定？

曉　陽：沒事，我想好好與他們溝通，他們會理解和支持我的。

諮商師：那好，如果還有需要，歡迎你再來。

曉　陽：真的非常感激你，對我的幫助很大。再見！

　　上述範例是在當事人已經清楚了自己的就業方向，以及確定了相關考量因素的情形下做的決定。但是根據實際的諮商經驗，在教導當事人做決定的過程中，常常發現當事人無論是討論生涯選擇或考量因素時，諮商師都需要花一段較長的時間與當事人討論他的選擇方案是否實際，是否能在近程可行。例如：一個心理系大四學生的選擇方案之一是當航空公司飛行員，這是他的夢想，如果將來去航空訓練中心接受訓練和通過考試後未嘗不可能；但是現實上卻做不到，因為他說需要至少三、五年的工作時間來，存夠一筆上航空訓練中心的學費和生活費，這就顯得很不實際。而關

於考量因素方面，也發現當事人會一時難以評估自己和他人的物質或精神損失，甚至有的在決定了評估分數和比重分數之後，又頻頻修改。因此，在指導當事人做決定時，諮商師應該理解和接納當事人這種在決策時，可能發生的猶豫不決、匆忙草率等情形。此時，諮商師一定要在耐心地澄清和引導後，再幫助當事人做適當、有效的決定。

第二節　協助設定目標

當諮商師與當事人正確地抓住問題的關鍵時，表示他們已站在眺望未來結果的很好位置，此刻正是設定目標的時機（Gerig, 2007）。而目標正是協助當事人朝著結果前進的動力，也是指引未來正確行動的方向。Locke和 Latham（1984）認為，幫助當事人設定目標可以幫助他們四個方面的賦能：

1. 目標聚集當事人的注意和行動。
2. 目標啓動當事人的能量和努力。
3. 目標激勵當事人尋找達成目標的策略。
4. 目標增加當事人的毅力。

在諮商中，當事人的目標常與計畫混淆，諮商師應該幫助當事人清楚地區分，所謂目標（goal）是描述當事人想達成什麼（what），而計畫（plan）則是說明當事人如何（how）達成目標。關於如何根據設定的目標來訂定計畫將在下一章介紹，我們先針對協助當事人尋找目標以及設定目標的原則加以說明。

一、尋找目標

在當事人瞭解自己問題所在，並不表示他知道要怎麼做，以及該朝哪個方向走，因為問題不等於目標。諮商師必須協助當事人把問題轉為目標，甚至諮商師需先協助當事人尋找目標，Bertolino 和 O'Hanlon（2002）建議諮商師可以運用下面幾個參考的提問，引導當事人朝向正向的、目標導向的思考來尋找到目標：

1. 你如何知道事情變得比較好？
2. 你如何知道問題不再是問題？
3. 有什麼情形可以說明此次諮商是成功的？
4. 你如何知道何時不需要再來諮商？
5. 有什麼情形顯示你已可以處理自己的問題？

諮商師從上述提問得到的當事人反應，可以很快地瞭解當事人想達到或改變的目標。然而，有些當事人的反應可能較抽象籠統，諮商師需進一步指導他關於設定目標的原則，進而協助他設定出有效的目標。設定有效目標不是一件容易的工作，諮商師必須有耐性地一步一步指導當事人瞭解其原則。

二、設定目標的原則

諮商師指導當事人設定目標，可依循以下五個原則。它是以五個英文字母為首組成的 SMART 原則，分別說明如下：

1. **具體的**（Specific）：設定目標必須清楚明確，不能是模糊不清地描

述。例如當事人的目標是：「我希望到外商公司工作」，此描述即是模糊不清。而諮商師要指導他設定清楚明確的目標如：「畢業後進外商公司工作，三年後擔任業務主管的職位。」對於自己的生涯「不敢」或「不想」做決定的當事人，很可能訂出模糊不清的目標，而「不敢」及「不想」背後的意義，大多是擔心自己選了一條路，就永遠不可能再走另一條路。事實上，每個人的生涯發展都是連續性的，不是現在做了一個決定，將來就不能改變。對生涯規劃的決定只有優先順序的不同，並沒有所謂對錯的分別。

2. 可測量的（Measurable）：設定的目標最好能以明確的資料單位來描述，如：「每天早上聽語言光碟練習英文一小時」、「每週去圖書館溫習上課的教材三次，一次二小時」、「一個月內找到 70% 相關的工作資訊」等。設定出一個可測量的目標，能讓當事人感受到自己在逐漸進步中，並累積成功經驗和建立信心。此外，欲設定較長遠的目標，最好將之分成幾個漸進達成的步驟，並且隨時檢視是否需要修正進度或方向。

3. 可達到的（Attainable）：設定的目標要在當事人能力可及的範圍下，訂出他可以逐步達成且有成就感的目標。諮商師要提醒當事人切勿將目標訂的太高或太大，因為達不到目標對於當事人而言，可能是更大的挫折。其次，諮商師也應該讓當事人瞭解到，自己的能力是有限制的，因為無論在生理學或心理學的實驗，皆一再地證明有些能力是先天的、沒有辦法改變的。例如某個當事人沒有音樂天分，甚至五音不全，卻一直想當歌星，這目標對他而言，即是永遠

達不到的天方夜譚。因此設定的目標是靠自己的能力和努力可以達成的，而非誇大不實或好高騖遠的夢想。

4. **真實的**（Realistic）：設定的目標要有真實的結果，而不是一個空泛的想法。例如：許多大學生的想法就是「未來找到一個好工作」，不僅過於抽象不具體，而且對於想要的工作沒有任何規劃，他們的理想無異於緣木求魚。因此，諮商師與當事人要討論和訂出有結果的目標。真實的目標也要讓當事人瞭解，行動要從此刻開始，而不是推遲到下週、下個月或明年，如：「每週去圖書館溫習上課的教材三次，一次二小時」、「明天開始每天早上練習英文一小時」、「這個週末上網尋找工作資訊，預定工作進度20%」等。

5. **有時間性的**（Time）：設定的目標需要有預定達到的進度和完成的時間表，如此才能確認當事人要投入多少時間，以及在什麼時候完成。有些當事人的目標是立即的目標和近程的目標，諮商師可以幫助當事人在短期內達成，獲得成功的經驗。從宏觀的角度來看，諮商師甚至幫助當事人思考自己生命所要完成的目標，設定中程的目標和遠程的目標。一個合理的時間表不僅幫助當事人建立信心，並且可以學會做好時間管理。

三、協助設定目標的範例

根據上述設定目標的原則，我們舉一個「感覺生命沒有意義的當事人」為例，說明這些原則的運用。在下面一段諮商師與當事人的對話中，即運用了一些前幾章提到的諮商技巧：

當事人：我不知道自己活在這世上的意義是什麼？

諮商師：聽起來，你關心的是自己生命的意義，是嗎？

當事人：對！就是生命的意義。

諮商師：你所謂的生命意義是什麼？（**澄清**）

當事人：嗯……，怎麼說呢？很難一下子說明白。

諮商師：那麼，什麼樣的情形會讓你覺得有意義？（**引導，尋找目標**）

當事人：有清楚的人生方向，而且過得很快樂。

諮商師：清楚的人生方向？你的意思是……（**澄清**）

當事人：哦，知道自己將來要幹什麼，而且無怨無悔地做下去。

諮商師：那，過得快樂呢？

當事人：不需要賺很多錢，但至少生活無虞。最重要的是自己有興
　　　　趣，做起來有成就感。

諮商師：什麼樣的情形叫有成就感？（**具體化**）

當事人：發揮自己的能力，去創造與別人不同的事物。

諮商師：你的意思是像藝術家的創作？

當事人：嗯，還有像發明一件新東西、設計一個新產品、想到有創意
　　　　的點子等。

諮商師：你認為的生命意義是確定自己有興趣和有創造性的未來工作
　　　　目標，然後堅持朝著這方向努力。可以這樣說嗎？（**摘要**）

當事人：對，不只是工作，而且是一輩子的事業。

諮商師：我很欣賞你的理想，你目前就讀的科系是什麼？

當事人：工業設計。

諮商師：我對你的科系並不瞭解，請你介紹一下你的科系。

當事人：我們科系的主修學科是機械工程和藝術學，畢業的學位分為工程和文學學士兩類。我是工程這一類，有些學科是兩類學生都要學的。

諮商師：你對這個科系有興趣嗎？

當事人：當初是我自己選擇的科系，念了二年多也覺得很有興趣。

諮商師：除了有興趣，你的學習狀況如何？

當事人：我學的力學、電工學和機械工程成績都不錯，也覺得自己有這方面的能力。還有一些如工程材料、人機工程學的學科還沒學，我對藝術類學科也有興趣。

諮商師：讓我們回到你的理想，你現在學的專業，如何發揮自己的能力，去創造與別人不同的事物？

當事人：我上課聽老師說，我們這方面的專業很重視創造力，一些畢業的學長創造了不少新的工業產品。

諮商師：這些學長畢業後多久有如此好的表現？

當事人：當然剛開始都是基層工作，至少需要三、五年的磨練，不斷地向前輩學習，是有機會表現的。（有必要的話，引導當事人多加說明或蒐集相關資訊）

諮商師：從你剛開始談生命意義到現在，你的人生方向愈來愈清楚了。下一步是要訂定有效的目標。

當事人：那要如何訂定有效的目標呢？

諮商師：一般而言，訂定有效的目標要具體、有時間表、可以真正做
　　　　到的，並且能一步一步達成，最好也能用一些資料來表示。
　　　　（有必要的話，應進一步說明 SMART 原則）

當事人：那我要怎麼做呢？

諮商師：別急，讓我們來看怎麼訂出符合這些原則的目標。我們先把
　　　　你的理想訂為長程目標，也就是有清楚的人生方向，而且過
　　　　得很快樂。為實現這理想，我想你還要訂定近程和中程目
　　　　標，近程目標通常是一、二年可達到的，而中程目標則是二
　　　　到五年可達到的。你先來想想近程目標會是什麼？

當事人：嗯，畢業前把基礎的學科學好，還有學好一些有創造性的學
　　　　科。

諮商師：比如說……

當事人：視覺傳達設計、造型設計、環境設計等。

諮商師：好，所以近程的目標是學好基礎和有創造性的學科。

當事人：我覺得光是這樣還不夠。

諮商師：你的意思是……

當事人：想要創造與別人不同的事物，光是學好這些學科是不夠的，
　　　　我與同學學的科目大同小異啊！我想讓自己的創造力提昇。

諮商師：你想過有什麼方法可以使自己的創造力提昇嗎？

當事人：我知道圖書館有一些發揮創造力、創造心理學、創意設計之
　　　　類的書，我可以去借來看。

諮商師：還有其他的方法或資源嗎？

當事人：我可以上網去找相關書籍和培訓的資訊。

諮商師：能不能給自己定個時間表？比如說何時完成什麼？

當事人：嗯……我想這學期裡找幾本書看看，找機會參加創造力培訓
課程。

諮商師：能再具體一點嗎？比如說多久時間內看幾本書？什麼時間參
加培訓？

當事人：這學期內看完二本關於創造力的書，這個暑假參加一個創造
力培訓課程。

諮商師：好極了，你立即可做的目標有了。那升四年級以後呢？

當事人：我仍然每學期讀二本關於創造力的書，在實習課中認眞學
習，多向老師和學長請教將來工作的實際情形。（有必要的
話，可繼續深入探討當事人的想法）

諮商師：很好，近程目標也有了。接著，我想瞭解你畢業後的目標是
什麼？

當事人：畢業後找一個可以發揮能力的工作，之後有自己創造的產
品。

諮商師：所以，找一個可以發揮能力工作是你的中程目標，而且有自
己創造的產品。除此，你想還需要考慮什麼？

當事人：肯定是需要時間去學習和磨練的，而且可能會遭遇困難。

諮商師：你想需要多久時間？會遭遇到什麼困難？

當事人：五年吧，在基層工作中努力學習。我還不清楚會有什麼困
難，也許剛開始的工作不順利、不如理想吧。

諮商師：那你會怎麼克服類似這樣的困難？

當事人：在工作上要有耐性，要有毅力。

諮商師：你認為自己做得到嗎？

當事人：我有信心，我是農家子弟出身，吃得了苦，而且時常提醒自己要實現理想就必須如此。

諮商師：那要怎麼做才有機會創造與別人不同的產品？

當事人：我相信只要努力工作，找機會發揮自己的創意，是可以得到主管的賞識和表現機會的。

諮商師：所以你中程的目標會是什麼？

當事人：畢業後找到一個符合自己專業的工作，在五年內努力工作和學習。

諮商師：再加上找機會發揮創意，做出新的設計產品，如何？

當事人：對！這就是中程目標。

諮商師：那你現在準備怎麼開始？

當事人：從近程目標開始，畢業前盡力充實自己。

諮商師：好極了！鼓勵你朝著目標前進，祝你成功。

第三節　提昇改變動機

前一節所敘述的協助當事人設定目標是一個理性的過程，固然有其優點，但也有缺點。例如：諮商師與當事人雙方在設定目標時都很理性，甚至過度理性（Egan, 2002），卻容易忽略了當事人感性的因素。無怪乎一些

當事人雖然經過理性的討論過程有了清楚的目標，卻因感性因素而停滯不前或打退堂鼓。因此，諮商師必須敏銳地覺察和瞭解當事人內心的情感或情緒，以及運用一些有效策略來提昇他的改變動機。

一、改變的焦慮

大多數的當事人害怕改變，因為改變不僅讓他不能再依賴過去一些舊有的慣性行為或熟悉資源，而且還要面對許多未來不確定的挑戰。對於當事人而言，改變需要冒險，因為不能預測改變後會發生什麼事。因此，他們認為維持過去的行為較容易也較安心，但是改變卻要付出代價，也可能帶來失落感。

當然，如果現況沒有改變會使當事人感到困擾，甚至不快樂或痛苦；然而，當事人若是做了改變，仍可能面對新的、未知的困擾而帶來的不快樂或痛苦。Nathan 和 Hill（1992）指出，當事人的擔憂可能是自己的選擇不符合重要他人的期望、過去遭到拒絕而害怕求職的競爭、害怕自己的計畫無效等。而 Egan（2002）認為，當事人對改變的信心不足，其原因有懷疑成功的可能性、不敢負起責任、要付出代價（如心力、時間）、堅持力不足等。

二、提昇改變動機的策略

根據一些學者的建議，綜合整理十個提昇改變動機的策略，諮商師可視當事人的情況，彈性地運用其中策略的一些原則（Amundson et al., 2005; Egan, 2002; Gysbers & Moore, 1987; Nathan & Hill, 1992）：

1. **持續增進諮商關係**：在諮商的過程中，諮商師需要不斷地增進與當事人的良好合作關係。尤其是當事人對自我改變的信心不足時，更需要諮商師持續地給他堅定的鼓勵和支持，讓當事人感覺諮商師是跟他站在一起。當諮商師與當事人的同盟關係愈融洽，當事人的改變動機愈強。

2. **同理和接納焦慮的情緒**：諮商師如覺察到當事人面對改變所產生的焦慮情緒，應先同理和接納當事人這種情緒是正常的反應，然後引導當事人表達情緒背後的想法，如說：「我瞭解要做改變，任何人都會有些擔憂，你的擔憂是……。」「看得出要你立即下定決心，似乎有點困難，願不願意談談你的想法？」「你好像有些猶豫，是不是擔心父母反對？」等。透過諮商師的引導，當事人的焦慮情緒可以獲得紓解或消除。

3. **鼓勵積極的態度**：雖然未來確實存有許多的不確定性，諮商師可以幫助當事人瞭解不確定也有其正面的意義，鼓勵其以積極樂觀的態度開始做生涯發展的準備，如：減低焦慮情緒、理性分析需求和目標、把握當下的學習、掌握部分可使用的資源等。

4. **排除改變的障礙**：如果當事人邁向改變路上的一些障礙不加以排除，改變的效果往往事倍功半，甚至使當事人容易喪失信心，以致原先諮商的進展半途而廢。改變的障礙，如：不良適應的信念、無法決定的優先選擇、不清楚的價值觀、錯誤的資訊、不足的資源、親友的反對等。因此，諮商師在當事人朝向改變的出發前，要與他討論必然會碰到或可能有的困難，以及如何應對或解決的方法。

5. **強調改變的誘因**：誠如前述，改變和不改變都可能帶來不舒適或痛苦。諮商師需引導當事人比較改變和不改變的利弊得失，在當事人發現改變後帶來的好處或利益勝過不改變，他會更有改變的動力，如讓他覺察到改變可以使自己的心情穩定、精神愉悅、滿足成就、實現理想等，他會更堅定信心而樂於改變。

6. **重視小改變**：有些當事人會期望自己有大的改變，這固然是多數人正常的心態，但是很容易帶來欲速而不達的挫折。諮商師要不斷地提醒當事人從小改變開始，鼓勵他從立即可達到的目標開始著手。只要當事人願意開始行動，任何一個小改變會帶動另一個小改變，接著是持續的小改變，最後一連串小改變之後，累積的成果則超越或勝過一個大改變。諮商師也可建議當事人在達到目標後，給自己一些精神或物質的獎勵，如自我表揚、鼓掌歡呼、吃大餐、看電影等。

7. **尋求重要他人的支持**：除了上述建議的當事人自我鼓勵外，諮商師也可與他討論周遭有哪些值得信任的重要他人，如父母、老師、親友或同學，之後與當事人討論如何徵求重要他人的同意，做為自我改變的見證，並且樂意在當事人改變過程中，見有任何進步或努力時，給與鼓勵和支持。

8. **想像改變的情景**：這是類似諮商中運用的「引導式幻遊」（guided fantasy）的活動，諮商師首先指導當事人閉上眼睛做簡短的放鬆活動，如身體舒展、四肢放鬆、深呼吸等。然後，引導當事人想像自己從改變開始、改變過程到改變結果可能發生的情況，以及自己的

感覺和別人的反應。諮商師的引導要以較慢的聲調和段落停頓的方式進行，例如：「你覺得很放鬆，想像自己正在圖書館裡找寫報告的資料，……出現了有用的資料，……然後……」、「想像你正與父母討論自己的決定，……他們的反對讓你感到生氣，……深呼吸，深呼吸，……提醒自己要穩定情緒，……心平氣和地跟他們溝通，……他們的反應是……」等。

9. **鼓勵正向的自我對話**：一些當事人內在的負向想法，會似無聲勝有聲地縈繞在心頭，如「這對我太難了」、「我做不到」、「不可能改變的」、「不會成功的」、「再努力也沒有用的」、「別人不會同意的」等。類似這些自我挫敗的內言，常使當事人還未開始改變就先敗下陣。諮商師可教導當事人寫下負向的內言，然後針對一個個的負向內言，與他討論如何轉為相對應的正向內言，並且練習經常在心底重複這些正向內言。關於詳細的正向內言之運用，可回頭閱讀第五章的反思生涯信念之說明。

10. **共同參與改變計畫**：當事人對改變缺乏動機或動機不強，通常是他並沒有投入諮商當中。如果當事人沒有參與感，往往會使他失去堅持到底的動力。因此，諮商師需要隨時留意當事人是否投入在諮商過程中，不斷地肯定他所做的努力，讓他對自己的改變有一種擁有感（sense of ownership），進而願意為自己的改變負起責任。

CHAPTER 08

行動計畫、評估與結案

在確定了生涯目標後，行動便成了關鍵的環節。在當事人有了具體達成的目標後，諮商師要緊接著鼓勵他思考達成目標所需要採取的步驟，並且把這些步驟整合為行動計畫（action planning）。所謂行動計畫意謂著，計畫一定要有實際行動的執行，不能只是紙上談兵，更不能是光說不練。行動計畫通常分為短程計畫和長程計畫。對大多數當事人而言，最好擬定一個或數個分階段可完成的短程計畫，逐步達成長程計畫。此時當事人踏出的每一步都是創造下一步的動力，之後才能累積每一步行動的成果完成目標。

行動計畫一旦展開，評估（evaluation）的機制也隨即啟動。對生涯諮商而言，諮商師運用適當的評估很重要，它能夠使諮商師澄清當事人問題的本質，思考可能的諮商策略和介入方法，幫助當事人清楚地瞭解目標與行動計畫的關係、行動計畫的進展情況、目標的方向是否正確或需要修改，以及持續地給與當事人鼓勵改變的回饋。

而在當事人的問題得到了大部分的解決，或朝向目標的行動有了顯著的改變時，諮商就將進入結案（termination）階段，這是諮商過程的一個

重要步驟。跟諮商關係的建立一樣，諮商關係的結束，常會讓許多諮商師感到不易掌握和處理，除了評估當事人是否需要繼續諮商外，與當事人道別也是諮商師較難處理的情感性議題。

第一節　行動計畫

在訂定行動計畫時，諮商師必須與當事人進行周詳細緻的討論和思考，否則容易有失敗的風險。最常見的失敗原因是有些當事人為了取悅諮商師，或想說服自己和重要他人相信，而輕率地擬定行動計畫，結果自然是徒勞無功。因此，諮商師需要有耐性地與當事人仔細討論每一個行動的步驟，共同訂定妥善可行的行動計畫。

一、行動計畫的訂定

作出的行動計畫一定要有具體可行的目標，Gysbers、Heppner 和 Johnston（2003）建議，行動計畫的目標必須符合每個當事人的具體情況，而且要讓當事人覺得是合理可行的計畫。諮商師在協助當事人訂定行動計畫時，也要隨時留意專業範疇、社會政策和就業市場等因素，因為這些因素及其變動極可能與當事人的計畫息息相關。

Nathan 和 Hill（1992）認為，要使行動計畫成功，必須考慮五個效標（criterions）：

1. 思考具體清楚的目標。
2. 讓當事人覺得是自己主導的行動計畫。

3. 行動計畫的內容要有彈性，可以定期檢視和修改。

4. 設定足夠的改變時間。

5. 無法達到預期時的因應方法。

諮商師在與當事人討論行動計畫時，切勿以批判否決的態度質問當事人，而是應該用溫和的提問幫助當事人釐清每一個步驟的細節，因為導致行動計畫的失敗，常常是忽略了一些細小環節。例如：當事人要申請國外的大學，計畫應包括每一個步驟：何時向申請學校要申請表或如何從網路下載申請表、學校申請截止的時間、何時完成申請表填寫、何時郵寄申請表和相關資料、如何確定申請表和相關資料寄達到申請學校……等。

行動計畫中另一個需要留意的是，考慮哪些人需要納入計畫裡，如寫推薦信的人、提供資訊的單位……等，因此需要思考和列下這些資源。行動計畫必須以白紙黑字寫下來，一方面讓當事人對行動做下承諾，一方面有一個清楚的行動藍圖。通常，行動計畫會複製兩份，一份給當事人作提醒之用，另一份留給諮商師做為支持和見證用。

一般而言，訂定行動計畫有一些原則，分別說明和舉例如下：

1. 目標以正向和具體的文字描述，如：「建立規律的生活作息表」、「與父母有良好的交流」等。儘量避免用否定的語句，如：「改變懶散的習慣」、「不與父母爭吵」等。

2. 把想到的行動步驟都一一列出，先不考慮步驟的先後順序，如：「每天讀書二小時」、「晚上十時前就寢」、「每天早晨六時起床」等等。

3. 將上述行動步驟，以1、2、3……數字標出先後順序。

4. 預定每個步驟完成的時間進度，如三天、一週、四月四～十日等。

5. 列出每個步驟需要的資源，包括人、事、物，如已畢業的學長、去圖書館找資料、光碟等。

6. 擬定何時和如何評估行動的進展，如六個月後考證照、五月三十一日前完成學期報告等。

7. 當事人簽下自己姓名和訂定計畫的日期。

8. 請諮商師或重要他人（如父母、同學等）簽署以為見證。

根據上述的原則，舉出兩個行動方案的範例供參考，諮商師可依實際狀況修改為自己適用的文字敘述和格式。

範例一

_____ 的行動計畫

一、具體目標

二、目標達成的時間

三、行動步驟

順序	步驟內容	時間進度	所需資源

四、評估時間和方式

立約人：　　　　　　日期：　　　　　　見證人：

範例二

　　我，＿＿＿＿＿＿＿，爲達成我的生涯目標，成爲＿＿＿＿＿＿＿，
承諾做以下的步驟：

1. ＿＿＿＿＿＿＿＿＿＿＿＿＿＿＿＿＿＿＿＿＿＿
2. ＿＿＿＿＿＿＿＿＿＿＿＿＿＿＿＿＿＿＿＿＿＿
3. ＿＿＿＿＿＿＿＿＿＿＿＿＿＿＿＿＿＿＿＿＿＿
4. ＿＿＿＿＿＿＿＿＿＿＿＿＿＿＿＿＿＿＿＿＿＿
5. ＿＿＿＿＿＿＿＿＿＿＿＿＿＿＿＿＿＿＿＿＿＿
6. ＿＿＿＿＿＿＿＿＿＿＿＿＿＿＿＿＿＿＿＿＿＿

　　計畫執行人：　　　　　　日期：　　　　　　見證人：

二、行動計畫何以失敗？

　　當我們準備開始一個新的或有一定困難度的行動時，不少人常常以未做好準備或時機不成熟為藉口，來拖延行動，而拖延行動的結果往往是始終沒有行動。這種情形也常見在生涯諮商的當事人身上，如當事人會說：「我下週起每天讀書二小時」、「等我忙完，就開始運動」、「我先想一想，想好後再與父母好好交流」等。如果發生這種拖延行動的情形，諮商師應以溫和而堅定的語氣面質當事人推託的態度，並且強調要有所改變必須立即開始行動。舉例而言，一個對自己的懶散感到內疚的當事人在學期末前來諮商，所訂定的行動計畫目標就是改變每天花太多時間在電腦前的習慣，諮商師鼓勵他以正向具體的目標敘述，他做了下學期開始每天至少讀書二小時以上的承諾，諮商師以非批判、真誠、同理的態度提醒他：「我知道一下子讓你做這麼大的改變是一件不容易的事情，但何不從現在就開始做一點小改變？比如說每週一、三、五晚上讀書二小時，就從今天開始如何？」當事人回應說：「可是……，我一坐在電腦前就沒辦法停止。」諮商師又鼓勵他：「我的建議是，要讀書的那三個晚上回到宿舍後不打開電腦，讓你不受誘惑而能定心地看書，你不妨從今晚就開始行動。」這位當事人訂定的行動計畫，得到了同寢室同學的見證和支持，當事人積極地養成讀書的習慣，不再有懶散的內疚了。

　　對當事人而言，進行行動計畫是一個新的，也是一個有困難度的學習機會，需要諮商師從旁的持續鼓勵和支持。追蹤（Follow up）是常運用的諮商技巧之一，其方式是在諮商的過程中，以口頭形式詢問上次諮商後的

實踐結果。在當事人訂定了行動計畫或目標後，為了保證有效的執行，諮商師可與當事人約定固定的時間和方式（如每晚發簡訊、週三發電子郵件等），彙報計畫的進行情況。

另一個有效的技巧是，幫助當事人把目標或行動計畫分成一個一個較小的階段或工作流程，有必要的話再補充一些小的行動步驟，使當事人的行動計畫更具體易行，以逐步建立當事人的自信和培養當事人一些實踐技巧。

此外，一些行動計畫失敗的原因也可能是來自諮商師，即當事人訂定的行動計畫或目標只是出於諮商師的構想，而非當事人的本意，使得當事人不認為是自己主導的計畫。所以，計畫做得再好，沒有當事人真心誠意積極地參與和改變，所做的一切努力是徒勞無功的。因此，在訂定計畫時，諮商師要特別注意觀察當事人，尤其是當事人的身體語言，例如：當事人口頭上雖表示願意，但臉色有些遲疑、敷衍或勉強，諮商師就應先針對他口語和表情的不一致加以澄清和瞭解，並給與當事人積極的鼓勵和信任，讓當事人負起責任來主導自己的行動計畫。

三、行動計畫的修正

在當事人實踐行動計畫的過程中，諮商師扮演著觀察和記錄的角色。當事人如有新的覺察或資訊出現時，諮商師要立即與當事人深入探討這新的覺察或資訊帶來的意義，因為它們可能給當事人帶來新的想法和做法，進而對當事人的行動計畫進行修訂。

舉例而言，一個成績優秀的當事人根據出國進修行動計畫和實踐，申

請到一所國外大學的獎學金，但是他對最後的面試一關感到很焦慮。

諮商師：從你的表情上可以看出你的擔心，能說一說你的擔心是……。

當事人：我其他方面都沒問題，只是擔心面試時表現不好而無法通過面試。

諮商師：你是擔心自己的英文溝通能力呢？還是……？

當事人：我的英文溝通能力還不錯，只是在面對考官詢問時自己會緊張，而愈來愈不流利，甚至會出現腦子一片空白答不出話來。

諮商師：聽起來你過去曾有這樣的經驗，是嗎？

當事人：嗯，是的，我大學推甄的面試時就是這樣的。

諮商師：所以，想起以前經驗，你就會擔心？

當事人：因為那次的失敗經驗讓我沒有考上理想的學校。

諮商師：這種擔憂的情緒背後是什麼樣的想法？

當事人：我很想到國外的大學去讀研究所，如果面試時表現不好，會讓我再一次承受失敗。

諮商師：聽起來你在面試時候回答考官問題時，內心會有兩個聲音出現，一個是我很想得到這個大好機會，另一個是我可能會表現不好，是嗎？

當事人：是的，我一直擔心著考官會因為我不好的表現而不錄取我。

諮商師：除了剛才你說過的推甄面試之外，你還有其他的經驗嗎？

當事人：在剛開始的專業課程中，上台做報告時也會這樣，後來經歷

多了表現都不錯，就是面試讓我很害怕。

諮商師：看樣子你需要多一些接受面試的經驗，這樣可以讓你建立信心，你覺得呢？

當事人：是的，可是沒有這麼多機會。

諮商師：我們可以用模擬面試來增加信心和經驗呀！下次會談時我來扮演考官，做一次練習如何？

當事人：好極了，我好希望自己能順利通過面試。

下一次諮商時，諮商師與當事人進行了一次面試的角色扮演，諮商的重點不僅是做模擬面試的行為演練，而且還運用了澄清技巧以幫助當事人改變因對失敗的擔心而產生的不合理想法。令人驚喜的是，當事人在經歷了諮商師模擬面試之後，又在實際面試之前找同學幫忙做了二次模擬練習。結果很讓人滿意，他如願以償地得到獎學金出國進修了。

有的當事人訂出一個行動計畫後，諮商師要幫助他擬定其他的備案計畫，一方面是讓當事人瞭解，達成生涯目標不是只有一種選擇，另一方面由於生涯發展中有許多的不確定因素，因此讓當事人擁有備案計畫，是一個明智審慎的做法。而有些當事人的問題是長程的生涯發展，當事人在諮商初期談到的問題也可能不只一個，最初的行動計畫只是長程生涯發展中的第一站，當事人還需要有其他的後續計畫來一步步達成生涯目標，後續計畫的內容可能是再進一步的自我探索、運用資源和行動計畫。

第二節　諮商評估

評估是生涯諮商過程中的一部分，其本身就具有諮商的功能。當諮商師將評估結果回饋給當事人，他可以藉此增進自我瞭解，並促進正向的改變。在評估主題的選擇和評估結果的解釋上，諮商師都必須邀請當事人成為共同的合作者。倘若從當事人那兒得到了正向的回饋，可做為獲取他人支持生涯諮商活動的依據和資料。如果當事人的回饋是負面的，諮商師也可藉此修正當事人的行動計畫或改變諮商策略，讓自己的諮商方向更正確。

一、評估的原則

與其他心理諮商的形式相比較，生涯諮商通常都是較短程的諮商，因此，要在有限的時間裡對諮商的有效性進行評估，是非常重要和必要的。諮商師在諮商的初期，就必須將評估的概念謹記在心，並在諮商的過程中，隨時運用各種評估方法來檢視當事人的改變和進展情況。

有些生涯諮商師在諮商關係尚未建立前，會對當事人說明諮商評估的做法，如諮商師對當事人說：「我們預定進行十次談話，到第三次談話時，我們會針對你的問題討論一些解決的辦法，看看對你有沒有幫助。如果有幫助，我們就繼續下去。如果沒有效果，我們再討論是否有其他更有效的方法，你也可以停止諮商。這樣的安排，你覺得如何？」

在正常生活中，一般人聽到「評估」這樣的詞句，會被視為有威脅性

或產生不尊重人的感覺。而在生涯諮商中，這種感覺則會比較少，因為諮商師是以真誠和同理的態度，與當事人討論其行動計畫朝向目標和實施的步驟方法。同時，諮商師還會積極地鼓勵當事人主導自己的行動計畫，讓當事人對自己的行動計畫負起責任。透過諮商師與當事人一起分享彼此對問題的看法和討論，感知積極正向的指導與激勵，以提高當事人對有效實施行動計畫的接納程度，並透過當事人的反應，促進其行為的改變。

二、評估的方法

為了保證和確定生涯諮商的評估是行之有效的，諮商師必須運用評估的方法，來證實當事人的問題或困擾確實得到解決或降低，同時還應該和當事人討論他們是如何知道自己的問題已獲得解決。

諮商師在對當事人進行了評估之後，還應該將這些評估資料進行量化（quantitative）或質化（qualitative）分析。一般而言，大部分的測驗和量表都可以進行量化分析，然而生涯諮商中有些評量工具和活動，則很難以量化來分析，例如：之前介紹過的生涯圖、職業組合卡、人格特質檢核表等評量工具，以及一些喜歡的生活方式、工作價值觀等活動，則只能做質化分析，即將當事人的反應做文字描述或資料加以分類（如藝術型、研究型等）。

Amundson 等人（2005）指出：評估是生涯諮商師與當事人根據當事人的目標，以實證（empirical）、意見（opinion）和行為（behavioral）的資訊來比較當事人的進展情形。實證的評估資訊是以評量工具做諮商前和諮商後的比較，以 Amundson 等人所列舉的生涯諮商師與當事人分享的一段

話為例：「當我們把你在生涯諮商之前所做的決定量表（decision scale）和今天做的分數比較，你的生涯未決定分數減少了十分，這表示你對生涯選擇變得更加明確，你自己覺得呢？」

意見的評估資訊，是根據諮商師和當事人在諮商過程中的知覺（perceptions），例如：生涯諮商師表達自己的感覺：「我看到你很努力地增進自我瞭解，你現在對自己重視的價值觀有了較清楚的認知，你自己覺得呢？」

而行為的評估資訊是指，實際可以觀察到的當事人行為，如完成自傳或履歷表、訪問重要他人蒐集到的資訊、具體的三個月行動計畫、計畫進行中的步驟等。例如生涯諮商師說：「到目前為止，你已面談了兩個實習單位。我們的計畫是一個月內面談五個實習單位，之後我們再來考慮和比較這些單位的優缺點，選擇一個你最適合的實習單位。」

Nathan 和 Hill（1992）指出，生涯諮商的評估是一個複雜的過程，其成效不容易數量化，因為生涯諮商的效果常顯現在當事人的改變，這些改變可能是外在的，如找到新工作；也可能是內在的改變，如信心增加。舉例而言，一個當事人雖還未找到理想的工作，但他認為生涯諮商是有效的，因為在諮商中他瞭解了自己的長處和不足，而且變得更有自信。當然，有些當事人的改變不全然是諮商的成效，還包含了其他的因素，如社會、經濟或未預料到的事件等。雖是如此，Nathan 和 Hill 相信，生涯諮商的成功不僅僅在於幫助當事人到達一個目的地，而是讓當事人獲得生命旅程持續向前的一個位置。

Nathan 和 Hill（1992）認為，生涯諮商的成效主要是靠諮商師誠實的

自我評估，評估的方式有：

1. 以自己的實際反應，回顧當事人的紀錄和考慮當事人的評估回饋。

2. 得到同事的協助，以及非正式的小組討論或團體督導。

3. 得到服務單位主管的協助。

4. 得到外來督導的協助。

5. 經由課程學習和專業研討會。

接著，他們建議在諮商的過程中，諮商師運用以下這些問話幫助自我評估：

1. 我為當事人提供了追求生涯諮商旅程最好的條件嗎？

2. 我是否不用勸告，而是容許當事人選擇自己的生涯方向？

3. 我是否站在當事人的角度，考慮他個人的情況和需要？

4. 我是否對當事人產生刻板印象，而且受到他的種族、性別、社會、文化、年齡、性取向、能力不足等因素的影響？

5. （如果使用評量工具）我提供的回饋是使用了正向的評量資訊嗎？

6. （如果使用家庭作業）我是否以最有幫助的方式，為當事人提供最適當的作業？

7. 我的情緒被激起了嗎？這些情緒的來源為何？

8. 我對此次的諮商感到滿意嗎？

9. 我此次的諮商有了什麼不同嗎？

10. 我從當事人身上學到什麼？

Nathan 和 Hill（1992）也認為，雖然對當事人的評估是資訊的來源之一，但是諮商師的自我評估過程不能單依賴這些來源。因為當事人的回饋

有無可避免的主觀，假如他們有進步，會使生涯諮商得到正向的評估，如果沒有進步，他們會把不好的感覺投射到生涯諮商上。因此，如何讓當事人感覺「評估是一個正向的經驗」很重要，讓他評估生涯諮商要從所得到的幫助來澄清和強化自己的收穫，進而讓動力持續。

由於生涯諮商是當事人一個持續改變的過程，因此有時較難一時看到立即的成效。Nathan 和 Hill 除了建議諮商師使用下面的評估表，請當事人在最後一次面談時填寫外，同時認為諮商師給當事人一個諮商的摘要報告，包括對他的進展情形的回饋，這對當事人的繼續成長也是一個很好的鼓勵。

來訪者評估表

1. 你對生涯諮商的期望是什麼？
2. 這些期望的程度如何？
3. 你從生涯諮商中得到了什麼收穫？
4. 你還希望能有什麼收穫？
5. 你會推介別人來諮商嗎？
6. 根據你在生涯諮商的改變，請在以下的敘述中勾選同意的句子：
   ＿＿＿ 對自己比較有信心了
   ＿＿＿ 瞭解了自己的優點和缺點
   ＿＿＿ 能比較清楚的思考自己想從工作中得到什麼
   ＿＿＿ 能對未來計畫做決定
   ＿＿＿ 縮小自己的職業選擇
   ＿＿＿ 獲得可能從事的工作資訊

三、諮商目標的改變

　　評估當事人進展的另一個重要的理由是，由於諮商的介入致使當事人的目標有了改變。諮商師在諮商過程中所做的一些評估都是暫時性的，當有其他可供參考的資訊時，應該隨時與當事人討論諮商目標是否需要改變。例如：當事人在諮商初期的問題是對未來工作的擔憂，但在做生涯決策平衡單時，諮商師發現他考慮的重要因素，不是與工作有關的能力或興趣問題，而是他父親的期望。因此，諮商師應與當事人討論是否需要改變諮商目標，重點可能是與父親的溝通。此時，諮商師可以將自己的覺察表達出來：「我注意到你做生涯決定時，一直在顧慮父親的想法，你認為我們是否要先來討論這個問題？」

　　生涯目標的改變也可能有其他的原因，例如：當事人原先對自己所讀的科系沒興趣而考慮休學，經過諮商師的評估後，發現當事人沒有興趣的主要原因，是對某個專業授課老師的不滿，而並非對所學專業真的沒興趣。這時，建議諮商的目標應改變為如何減少對該專業課程教師的不滿，如嘗試容忍、紓解不愉快情緒、避免不及格、自修學習等。

　　正因為當事人的生涯目標隨時可能改變，更顯出了評估的重要性。雖然與當事人設定諮商目標最好是在諮商的初期，但諮商師仍應以彈性開放的態度，接納當事人的目標改變。關注當事人的需求是最重要的，諮商師在諮商的全程中，應把這個前提謹記在心。

第三節　諮商結案

　　正如天下沒有不散的宴席，諮商關係總有結束的時刻。諮商師是陪伴當事人生命中一段旅程的同伴，不需要也不可能一直跟著當事人走完整個生命全程。因此，生涯諮商的結案是一個重要的諮商階段，諮商師必須敏銳地判斷結案的時機，以及處理諮商關係結束時可能發生的一些情緒問題。

　　更重要的是，諮商師有效地掌握諮商結案階段，讓當事人在此階段能夠擁有正向的感覺和產生正向的力量，肯定諮商得到的收穫，並且有信心和能力面對未來。如此的諮商結案，才能為一段諮商關係劃下美好的句點。

一、諮商結案的評估

　　諮商師評估生涯諮商的結案要有一些根據，較明顯的情況是當事人達到自己的目標，例如：當事人有清楚的生涯方向和行動、能解決具體問題、完成行動計畫、有效面對新環境等。然而，有些情況並不是如此理想，例如：當事人因為目前經濟或家庭責任等限制，不能採取立即行動，只能等到這些限制不存在後再進行計畫；此時，諮商師主要的工作是幫助當事人回顧進展和支持他的決定。

　　有時，生涯諮商的結案不是自然的結案，如由於諮商機構的次數限制必須結案，諮商師應與當事人討論其他的協助資源，讓當事人可以繼續探

索他的生涯發展。有時，當事人的問題超出自己的能力，如精神疾病、經濟困難等問題，必須轉介至其他專業醫療或社會福利機構，讓當事人得到更有效的幫助。

二、結案的情緒處理

結案不僅代表諮商努力的成果，也象徵諮商關係的結束，可能帶給當事人一種複雜的情緒，包括生氣、難過、興奮、希望、失望等。諮商師要讓當事人有抒發這些情緒的過程，因為這是當事人真誠地面對和處理自己情緒的機會，進而鼓勵當事人學習自我獨立。

對當事人而言，結案不能是一個突如其來的意外。關於何時結束諮商，諮商師要讓當事人有心理準備。最好預先告知，特別是諮商機構有諮商次數的規定，在諮商初期就必須說明清楚，如面談的次數和時間等。有些學者建議最好在諮商進行中，以計數的方式可以減少當事人對結案的疑慮，如告知當事人：「這次是我們第三次談話」、「下週將是我們最後一次諮商」、「這是我們最後一次談話」等。

除了告知諮商的次數外，另一個常用的有效方法是，把最後一、二次諮商的面談之間的時間拉長，如原先一週面談改為二週或一個月，如此可幫助當事人減少情感的依賴，並增強自我獨立的能力。

此次諮商關係的結束，並不表示當事人日後有需要時不能再來諮商，諮商師可以一方面肯定當事人的成長，一方面表達未來再來諮商的可能性，如：「我們的談話到今天結束了，這些日子以來，你的努力讓你自己有了很大的改變，我真誠的為你高興。如果以後還需要幫助，請你隨時來

找我。」

　　在大多數人的生命經驗中，「結束」是一種離別的殘酷事實。尤其是當事人甚至有被遺棄的感覺，容易勾起過去痛苦的回憶。如果諮商師能順利地處理好當事人的結案情感，不但可以讓當事人成為一個充滿信心的自我，也能帶給當事人一個正向的結束經驗。只有在當事人對結案有了良好的心理準備，他才會積極地投入到結案的過程，包括傾吐自己的感受、處理自己的情緒，以及學習因應未來關係結束的情緒。下面舉一個例子說明處理當事人這類情緒的對話：

諮商師：這是我們的最後一次談話，你有什麼想法或感受？

當事人：我對諮商要結束感到有些難過，我不喜歡離別的感覺。

諮商師：聽起來你過去有這種離別的經驗，你願意多說一些這種感覺嗎？

當事人：印象最深刻的是疼愛我的祖母去世時，我有很長的時間想起就傷心流淚。

諮商師：我瞭解親人去世的心情，我自己也有這個經驗。還有其他不一樣的經驗嗎？比如說只是暫時的分手。

當事人：那有很多呢！比如說第一次離家去外地讀書，跟父母道別時難過了很久；還有高中畢業跟同學說再見時。反正任何的離別或關係的結束都會讓我依依不捨。

諮商師：你對我們面談的結束也是如此嗎？

當事人：是的，我很懷念這段諮商的日子。

諮商師：我也很懷念與你相處的這段日子，以後你有空可以過來聊一
　　　　聊近況。

當事人：真的？我會來的。

諮商師：你現在的感覺如何？

當事人：感到舒服多了，謝謝你。

　　生涯諮商師必須覺察諮商關係的結束，對自己也是一個情感上較難適
應的心境，如果諮商師不太願意結束諮商關係，可能也如同當事人對自己
過去一些關係結束所產生的情緒，也可能是當事人不再需要自己而來的失
落感。諮商師必須對自己這類似的情緒反應有敏銳的自我察覺，避免將之
帶入諮商結案中，否則可能會阻礙諮商的順利結案，也會帶給自己和當事
人無法預料的傷害。如果自己無法面對和處理這種結案的情緒，最好與同
事或督導討論，以幫助自己在個人成長和專業發展上有更好的提昇。

三、正向的諮商結案

　　生涯諮商的目的不只是解決當事人目前的問題，而更希望幫助當事人
在日後面臨類似的問題，甚至其他不同的生活問題時，同樣能以諮商中學
習到的經驗來解決自己的問題。這種說法並不意味著當事人日後不會再有
困擾或問題，或是他能解決未來所有的問題，而是當事人經過一番諮商的
洗禮，對於未來的自我成長（self growth）和自我管理（self management）
有了更好的想法和作為。

　　因此，諮商結案的重點要放在增加當事人的自我強度（self strength），

包括支持當事人的進步、肯定當事人的收穫，以及鼓勵當事人持續努力。諮商師對當事人未來的成長要有信心，正如短期諮商所強調的一句名言：「真正的改變是諮商結束後開始」。

　　結案時，諮商師應幫助當事人一起回顧他的進步、強化學習到的技巧、洞察收穫、瞭解未來可能面臨的挑戰，同時強調當事人對自己生涯的主導意識，增進自我瞭解、探索生涯選擇、做生涯決定、尋找工作機會等技巧，而且毫無疑問的，這些技巧在未來的生涯困境中，是同樣需要的。諮商師幫助當事人回顧過去諮商中，他所做的一些步驟，以及碰到困難時可採取的策略。

　　諮商師：我上次跟你提過，這是我們的最後一次談話。結束前請你談
　　　　　　一談你的感想，特別是如果你碰到需要做決定時，你會怎麼
　　　　　　做？

　　當事人：我不會害怕做決定，也不會再猶豫不決。我會照著所學的決
　　　　　　策平衡技術，列出可能的選擇或方向，然後根據考慮的因素
　　　　　　或優缺點加以評量。而且，我會進一步訂定行動計畫，按部
　　　　　　就班地去實踐。

　　諮商師：很高興你有信心做決定，你對未來有什麼想法嗎？

　　當事人：我很感謝你在我未來發展上的支持和鼓勵，讓我對自己的能
　　　　　　力和興趣有了更清楚的瞭解，也對所學的專業更有信心。還
　　　　　　有，讓我增進了與父母的良好溝通，這是我當初沒想到的收
　　　　　　穫。我覺得現在對自己的生涯有了較廣闊的視野，不僅僅是

限於找工作而已，而且能將其他的生活層面都考慮到，尤其
發現了自己生命的意義。

諮商師：我看到你現在對自己的生涯充滿了希望。你覺得呢？

當事人：是的，我感覺很有信心，非常感謝你給我的幫助。

諮商師：太好了，祝福你順利畢業，並且早日實現自己的理想。

CHAPTER **09**

生涯諮商的倫理

　　倫理（ethics）代表一個專業的理想目標和行為標準，大多數的行業都訂定自己的專業倫理準則或守則，如醫師、律師、建築師等行業，其目的在引導行業內的從業人員表現出公正和合理的專業行為。Gerig（2007）認為，倫理對建立專業的認同和確保專業的效能更為重要。Welfel（2002）更指出，諮商倫理的目的包含四個層面：

1. 具備適當的知識、技巧和判斷，以創造有效的介入（interventions）。

2. 尊重當事人的尊嚴、自由和權利。

3. 展現諮商師有智慧和負責任角色的力量。

4. 導引諮商師提昇社會大眾對專業信心的方向。

　　進一步而言，諮商倫理的重要性表現在四大重要層面上（Mappes, Robb, & Engels, 1985）：

1. **提供規範**：規範諮商師的專業能力、資格及行為。

2. **提供指導**：提供諮商師從事實務工作行為時的參考。

3. **提供保護**：首在保護當事人的權益，其次在保護社會大眾的權益，

再其次是諮商整體專業的權益，最後是保護諮商師的權益。

4. 提供信任：當事人信任諮商師，社會大眾信任諮商專業，諮商師專業服務的自主性得到尊重，整體諮商專業的專業性得到認可。

關於探討心理諮商的倫理內容和準則的專書和專業雜誌不少，對倫理議題有興趣的讀者可以利用網路進行查詢和選購，也可以上網檢索國內外諮商專業學會或團體的網站，瞭解他們的倫理準則和標準。本章針對在心理諮商與生涯諮商中有關的重要倫理議題：倫理的原則與決策、當事人的權利、諮商師的責任等加以闡述，以做為諮商師思考和處理倫理問題的參考。

第一節　倫理的原則與決策

一般而言，諮商倫理有強制倫理和理想倫理兩類。強制倫理清楚地明示諮商師專業行為的最低標準，以法律與倫理守則為基準；因此，倫理守則、法律的修訂以及諮商機構的工作規定為必須，這類倫理準則的敘述通常使用「應該」及「不應」的字眼。而理想倫理屬於專業行為的最高標準，以良心與當事人福祉為考慮，因此，諮商專業人員倫理與道德教育的實施、良知良能的啟發，乃為實現諮商專業理想的關鍵因素；倫理準則的說明通常使用「期待」及「鼓勵」的字眼，期待諮商師瞭解倫理的精神，以及隱含在倫理準則背後的基本原則。

諮商師遵守強制倫理，可以使自己減少受到法律訴訟或專業團體懲罰的可能性，而理想倫理則讓諮商師更進一步反思自己的諮商行為對當事人

福祉的影響。例如：美國心理諮商學會（American Counseling Association, 1995）的倫理準則就有法定倫理（類似強制性倫理，規範會員行為的標準和違反規範的罰則），以及理想倫理（期望和鼓勵會員表現行為的高標準）。

諮商倫理的制定，讓諮商師在諮商過程中能夠敏覺其自己的倫理行為，促進了專業諮商機構去建立健全相關的引導和警告機制，協助諮商師去面對各種倫理問題和兩難困境（Keith-Spiegel & Koocher, 1985），以作出合理的實務判斷，避免不合倫理的行為發生。

一、倫理的原則

一些諮商師常誤解不符合倫理的行為是指嚴重違反既定的倫理準則，然而事實上，大多數不符合倫理的行為是因諮商師在諮商過程中的疏忽所造成。如果諮商師無法覺察到自己的行為對當事人可能產生不良的影響，就會在無意間造成當事人的傷害，例如：未察覺當事人的移情反應、忽視當事人輕生的念頭或說詞、輕易給當事人貼上病症的標籤、強加自己的價值觀在當事人身上、未考慮當事人問題中的文化影響因素、沒有保持適當的關係界線等等。

一些違反倫理的行為只有諮商師自己知道，也不容易被他人發現。而有些違反倫理的行為，甚至連諮商師本身也未察覺到。因此，諮商師要達到倫理的要求，就必須有勇氣挑戰自己的想法和行為。一個很好的方法是，經常反問自己：「我這麼做符合當事人的最佳利益嗎？」因為，倫理的最主要精神在於保障和謀求當事人最大的福祉。

　　綜合一些學者對倫理的看法，如 Kitchener（1984）、 Beauchamp 和 Childress（1989），以及 Meara 、 Schmidt 和 Day（1996）的觀點，他們認為任何助人專業的倫理準則，都必須以自主性、無害性、獲益性、公正性、誠信及真實性等六個道德原則為基礎。這六個原則並非各自獨立，彼此之間有其重疊和關聯性，舉例說明如下：

1. **自主性**（autonomy）：諮商師必須尊重當事人有自我決定或選擇自己方向的自由，諮商前有責任告知當事人任何有關諮商過程中發生的事，如諮商師的角色、諮商如何進行、當事人有權利決定是否繼續接受或停止諮商等。同時，為避免當事人過度依賴諮商師，諮商師應幫助當事人培養自我覺察、自我判斷、自我肯定和自我負責的能力。

2. **無害性**（nonmaleficence）：諮商師必須避免諮商的過程和結果讓當事人遭受到有意或無意的傷害，如防止當事人有傷害自己或危害他人的行為、避免為滿足諮商師個人需求而犧牲當事人的利益等。因此，諮商的過程中，諮商師要敏銳地評估可能的危險，並且有責任採取必要的防範措施。

3. **獲益性**（beneficence）：諮商師必須盡力提供良好的服務，不僅幫助當事人減低困擾、解決問題，而且致力於增進當事人的成長和發展。因此，諮商師應致力學習諮商的專業知識、使用適當的諮商技術、累積專業的經驗等。

4. **公正性**（justice）：諮商師應該公正和平等的對待所有的當事人，無論他們是因年齡、性別、種族、身心狀況（如視覺、聽覺、肢體

殘障等）、教育程度、社經地位、文化背景、宗教信仰等有所不同。換言之，諮商師不能對當事人有任何的歧視，或偏頗的態度和行為，而是應該一視同仁的真誠對待。

5. **誠信**（fidelity）：諮商師必須真誠地投入諮商關係中，並忠實地履行對當事人的承諾（如諮商收費、諮商時間等），以建立雙方相互信賴的關係。諮商師也應告知當事人諮商的內容，包括諮商目的、過程、限制、潛在危機、利益等。同時，諮商師如果發現自己已經無法給與當事人有效的幫助和成長，或當事人的問題超出了自己的能力，就必須誠實地告知當事人，並得到當事人同意終止諮商或轉介給其他專家。

6. **真實性**（veracity）：諮商師必須讓當事人瞭解真實的諮商內容和過程，不可有欺騙或操縱當事人的行為。例如：諮商師應告知當事人雙方的權利和責任、使用評量工具的目的、收費標準，以及當事人有權要求保密、調閱諮商紀錄、拒絕轉介（並包括瞭解拒絕後可能的影響）等。

二、倫理的決策

面對倫理問題，如何做出好的決策（decision-making）是對諮商師的一大考驗。一般而言，讓當事人參與決策過程是相當不錯的做法，而與當事人討論是最直接的方式，這樣有利於當事人的問題能夠得到最好或最合理的解決。Hill、Glaser和Harden（1995）建議，盡可能讓當事人參與每一個倫理決策的過程，因為在強調合作的諮商關係中，當事人必須被賦能

（empowered）。諮商師可以透過增進當事人的自我覺察，建立和開啓一個達成最佳諮商成效的契機，同時也為所有的倫理問題找到最好的解答。當然，這並不意味著諮商師未讓當事人參與決策過程，就不可能達到理想倫理的要求，但在判斷倫理問題時，加入當事人的意見是利多於弊。

　　Corey、Corey 和 Gallanan（2003）建議，諮商師面對倫理問題的判斷，可以採取下面八個步驟，來幫助自己找到好的決策：

1. **釐清問題的關鍵**：解決倫理問題的第一步就是確定問題的原因和特性。多數的倫理問題是相當複雜的，因此應試著從不同角度看待問題，避免給問題下一個過度簡化的答案或結論。因為倫理問題常常沒有對錯的解答，所以必須面對和挑戰諮商過程中諸多曖昧不清的狀況，而釐清問題的關鍵就是在諮商開始及解決問題的過程中，持續徵詢當事人的意見，並將所做的決策與行動記錄下來。

2. **思考相關的潛在問題**：在諮商過程中，及時記錄當事人問題的各種可能狀況，並詳細地分析和評估這些問題對個體的權利、義務與福祉的影響。按照上述六個倫理原則，以當事人的問題能夠得到有效解決為目的，針對當事人的具體問題選擇優先順序。因為某個原則可能對此刻的問題解決有效，不同的倫理原則可能導致完全相反的處理方式。

3. **參考相關的倫理準則**：查閱自己所屬專業組織的準則，和建議的解決方法，同時核對自己的倫理判斷和價值觀，是否與相關準則一致或衝突，也可以徵求專業組織的相關人士對問題的看法或解釋。

4. **瞭解可運用的法律及規定**：隨時獲知有關新的法律法規是諮商師的

一項基本工作。尤其是在面對保密資訊、父母的權利、紀錄的保存、測驗與衡鑑、診斷、專業認證、不當諮商等,或因當事人可能對自己或他人造成傷害,為防止意外事件發生須向有關部門通報、處理等問題時特別重要。同時,諮商師還必須確定和瞭解所屬專業組織的現行法令及規定。

5.　**尋求專業人士的意見**:面對倫理問題時,徵詢他人對問題的看法是相當有用的,可以多請教同事或同行專家的意見,並接納他們不同的看法。如果涉及到法律問題,則必須尋求法律專家或律師的協助。同時,將自己請教的內容和別人的建議都記錄下來,與當事人一起討論,這對解決問題是很有幫助的。

6.　**思考可能採取的行動**:腦力激盪對此一階段的倫理決策很有幫助,經由記錄所有可能的行動方案,可以找到有效的方法,最後也可能發現什麼都不需要做。當思考可能行動時,如同尋求專業人士的意見一樣,也需要與當事人討論。

7.　**列舉不同決策的可能結果**:詳細思考每一種行動和決策對當事人、當事人的關係人以及諮商師可能產生的影響。再一次提醒,跟當事人討論可能的結果是非常重要的。基於上述六項基本原則,做為每一個諮商行動方案結果評估的原則。

8.　**選擇最適當的行動**:在做最後決策時,審慎思考從各個不同層面所蒐集到的資訊。只要是自己深思熟慮後認為是最好的決策,就要盡可能地去實施並評估行動的結果,不要事後懷疑自己是否做了最好的決策。經常翻閱自己的紀錄也有助於評估整個歷程,追蹤每一個

決策的結果，並隨時評估是否需要採取進一步的行動。為了獲取最完整正確的概念，務必讓當事人參與這個過程。

第二節　當事人的權利

諮商對於許多當事人而言，是一種全新的體驗，他們不瞭解也不知道心理諮商這種方式是不是可以幫助自己解決問題，諮商師又是如何幫助自己解決問題。因此，當事人對心理諮商可能存有過高期望或試試看的心態。

通常，當事人由於渴望得到諮商師的幫助，可能對諮商師說些什麼或要求些什麼，都會毫無疑問地接受。這種依賴的情形是諮商的情境和氣氛所造成的，就如同病人信任醫生一樣，當事人也可能對他們的諮商師有過度的信賴。因此，在諮商前，諮商師必須告知和教導當事人瞭解自己的權利與責任，並鼓勵當事人發展個人的自主意識和行動，這才能夠真正發揮心理諮商的作用。

一、知後同意

保障當事人權利最好的方法，就是諮商師秉持「知後同意」（informed consent）的精神和做法，這也是所有助人專業的倫理準則強調的重點。所謂知後同意係指，諮商師在諮商之初及整個過程中，告知當事人應該知道的資訊和權利，並得到當事人的同意，使雙方達成一定的協議。知後同意可以使諮商有一個正確而負責的開端。

知後同意的理念最初是來自於醫學上的傳統，醫生為特定的醫療處理應先向病人說明事實並尋求同意，如今則成為心理諮商與心理治療專業倫理守則上的明文規定。

　　知後同意的問題，是諮商過程中首先遇到的倫理問題。為尊重當事人的權利，在諮商之初就應該與當事人進行此一程序，以確定當事人的意願，並給與和保障當事人，在自主權、受益權與免受傷害權的考慮下，能夠自我決定進入或退出諮商關係的自主選擇權。

　　知後同意的程序讓諮商師面臨的挑戰是，如何向當事人提供正確及充分的資訊，而且不能給的太快、太多的資訊，以免讓當事人感受到壓力，因此，知後同意最好視為一種持續歷程。正如美國心理諮商學會（American Counseling Association, 1995）的倫理準則所言：在諮商初期和有必要時，甚至在整個諮商進行過程中，諮商師必須告知當事人諮商的目的、目標、技術、程序、限制、潛在的風險、接受服務可能有的益處，以及其他必要的資訊。諮商師必須確定當事人瞭解診斷的意涵、使用測驗和報告的目的、費用和付費方式。同時，當事人有權利要求保密和瞭解保密的限制，繼續或中止諮商、拒絕任何轉介，以及得知拒絕轉介的可能後果。該學會還認為，讓當事人瞭解整個諮商過程的主要目的，是增加當事人更投入、被教育及主動參與諮商的機會，並且讓當事人瞭解他們自己才是諮商的主導者。

　　諮商初期討論的倫理主題可從當事人的顧慮、興趣及問題中選擇。當然，並不是所有的主題都會在初次會談時討論到。面對一個新的當事人時，諮商師必須把以下問題放在心裡：

◎基本的保密原則為何？保密有哪些限制？

◎諮商如何進行？

◎諮商師的主要角色是什麼？

◎當事人的期待是什麼？

◎諮商歷程大概需持續多久？

◎什麼樣的情形可以結案？

◎當事人與諮商師的主要權利和責任是什麼？

◎諮商的主要利益和風險是什麼？

二、知後同意的內容

關於知後同意的內容很多，下面舉出一些與生涯諮商有關的重點，加以說明：

1. **諮商過程**：要向當事人詳盡地描述諮商的過程是什麼樣的一種情形，是一件很困難的事，因為不同的個體背景，其問題的類別及程度也是各不相同的，但可以告知一般的諮商過程。例如：可以告知當事人，諮商師在充分理解和尊重當事人的個別自由、個人經歷的平等原則下，對當事人提供支援性幫助。諮商師與當事人一起探索心理癥結，並透過增加當事人的自我覺察，去尋找重重障礙後面的真實自我。雖然覺察可能會產生痛苦與焦慮，尤其是長期諮商可能會因為當事人自身的改變，而造成生活上的一些干擾或混亂，但卻又是很必要的；如果在諮商中，運用了某些特殊或有實驗性質的諮商技術時，也應該告知當事人有權拒絕接受，有權決定終止諮商，

而且與諮商師討論終止諮商是適當的。諮商不是包辦解決問題，心理諮商成功的關鍵是當事人自身的準備，以及內在成長的動力。

2. **諮商師的背景**：諮商師必須向當事人實事求是的介紹和提供他們專業資歷、學位、接受過的教育、培訓以及工作經驗等，並出示相關的專業資格證書和執照。並可對諮商的特定技巧、理論取向、可勝任的當事人類型和問題類型，以及他們無法有效處理的問題類型等作必要的說明。諮商師預先說明自己的資歷，並表明樂意回答當事人有關諮商過程的問題，可以減少當事人對諮商持有的不切實際的期望，也可以減少不當實務的機會。對於當事人在什麼樣的情形下必須轉介，尤其是涉及潛在的價值觀衝突時，如個人堅持的立場，包括對宗教、墮胎、決定結束生命等價值觀，也是諮商師需要預先告知的背景資料之一。

3. **諮商服務費用**：專業的心理諮商是一項有償服務，主要採取按時收費的標準。在諮商之初必須清楚地向當事人說明諮商的收費標準與支付方式，如有任何可能造成費用變動的情形，也要在諮商之初予以告知。由於當事人的經濟狀況各不相同，有些專業倫理準則建議採用彈性收費方式。除了可依據當事人的支付能力進行調整外，許多專業助人者針對一些當事人提供收費較少或免費的服務，例如：美國心理諮商學會的倫理準則中提到：「諮商師提供某些比例收費較少或免費的專業服務，是對社會的一種貢獻。」

4. **諮商的期限和結案**：許多諮商機構對諮商談話的次數都有其限制，如允許的諮商次數上限為六次，或在特殊情況下給與一年二十次的

會談等，這些情況都應該在諮商前告知當事人。在諮商的療程將要結束時，也最好在結案前預告或提醒當事人諮商將在下次結束。此外，當事人有權利要求提供轉介，如果諮商師評估當事人需要繼續諮商而無法提供轉介時，必須對當事人說明其他可行的變通方式。

5. **督導或同事的協助**：一些初學者或資淺的諮商師會定期與督導或同事討論工作的進展與困難，而一些有經驗的諮商師也會定期與同行進行案例討論，這種專業行為是符合倫理的。由於這樣的幫助、協助，可能會涉及當事人的一些隱私，因此必須在諮商前，以口頭或書面的形式告知當事人。諮商師可以向當事人解釋，這些案例討論主要是聚焦在諮商師的作為和感覺上，而不是聚焦在當事人身上，讓當事人瞭解這樣的行為乃是明智之舉。

6. **終止諮商**：許多倫理準則特別制定，當諮商必須中止或結案時，諮商師必須考慮當事人的福祉。諮商師最好在初談時就向當事人說明諮商過程中預期與非預期性終止諮商的可能，以及如何做最好的處理。對一些當事人而言，諮商師的無故缺席或請假，會讓當事人有被拋棄的感覺。因此諮商師應該為諮商可能終止的情況預作安排，如度假或出差等情況，應該提供其他諮商師的姓名、電話等給當事人以備不時之需，這亦是符合倫理的做法。當然，諮商師將當事人的資料提供給代理者之前，必須取得當事人的書面同意。

7. **查閱諮商紀錄的權利**：諮商前應該向當事人告知和解釋，在諮商過程中撰寫和保留諮商紀錄是諮商師必要的工作，這樣既可以提醒諮商師的記憶，也有助於諮商師能制定更好的計畫和策略，以幫助當

事人更有效地解決問題。由於當事人有權利查閱及複製諮商紀錄，所以，諮商紀錄最好用描述性紀錄而非評價式的方式撰寫。當特殊情況涉及法律訴訟時，諮商紀錄會有被公開的可能，因此諮商師要謹慎撰寫個案紀錄。

第三節　諮商師的責任

一、覺察個人需求

諮商師在幫助當事人增進自我覺察的同時，也有責任致力於自己生命議題的覺察。缺乏自我覺察的諮商師，極有可能將諮商的焦點從滿足當事人的需求變為滿足其個人需求，而阻礙當事人的成長。

諮商師首先需要思考以下兩個重要的問題：「我投入諮商工作的動機是什麼？」「我可以幫助別人得到什麼？」這兩個問題有許多不同的答案。有的諮商師喜歡那種可以幫助別人改變生活的感覺，尤其當他們看到當事人努力追求自我瞭解，並且有勇氣面對問題、解決問題，會讓他們感到滿足和喜悅。有的諮商師則看重個人的成長，視與當事人的諮商關係如一面鏡子，從幫助當事人的過程中反思自己的生命議題，也因此諮商成為同時改變諮商師和當事人的催化劑。

諮商師必然有個人的需求，但是這些需求不能優於當事人的成長，也不能因此阻礙當事人的成長。例如：諮商師投入專業的助人工作是為了幫助他人，也需透過當事人的改變來確認自己的幫助有效；然而，因此而期

望當事人把自己視為生活中的一股重要力量，這就是諮商師的個人需求。為了不讓這種個人需求妨礙當事人的成長，諮商師必須從其他途徑滿足這些需求，而不是一味地獲得當事人的肯定或好感，來滿足其個人需求。

　　從事諮商工作最有意義的感受，是看到當事人成長所帶來的喜悅。然而，只要諮商師有意或無意地利用當事人來滿足個人需求，就會阻斷諮商的進展。例如：強烈地想要照顧別人讓自己覺得很有能力，或自認為知道和指導當事人應該過怎樣的生活等。倘若諮商師習慣給當事人建議或指導他該如何，將不利於諮商的進行，因為這麼做會使當事人過度依賴，並且更強化他們凡事依賴他人的傾向。因此，Corey 等人（2003）認為，有強烈需要覺得自己很重要或能力很強的諮商師，有必要捫心自問：究竟是當事人覺得自己不可或缺，還是自己一廂情願的想法？

　　此外，倘若諮商師有強烈被接納、崇拜，甚至令當事人敬畏的需求，也會阻礙諮商目標的達成。Guy（2000）提醒，企圖仰賴當事人來滿足個人歸屬感和被尊崇的需求，是非常危險的。當諮商師沒有察覺自己的需求和內在動力時，有可能會透過諮商關係來滿足個人未滿足的需求，或把當事人帶離諮商師也不想面對的衝突，而失去深入探索的機會。有些諮商師會受需求驅使，而從當事人身上尋找個人和專業上的自我價值。當事人往往也覺得需要討好諮商師，以致當事人也不知不覺地滿足了諮商師的心理需求。

　　一旦諮商師對自己的需求缺乏充分覺察時，可能會誤用諮商情境中的權力。例如：有些諮商師很快地提出解決問題的方法，可能是想要滿足自己的成就需求。如果諮商遲遲沒有進展，有些諮商師可能淡化問題的嚴重

性，並催促當事人及早做決定，甚至直接替當事人做決定。

身為諮商師需要思考個人的需求，以及它如何影響自己的工作時，請試著回答以下問題（Corey et al., 2003）：

◎我如何分辨何時是為當事人的利益著想，何時又只是為自己的利益著想？

◎我有多期待當事人說我是一個好人或很棒的專家？我喜歡自己嗎？或者我總是期待別人認同我的價值或我所做的事情？

◎我是否期待生命中的重要他人，能夠滿足照顧、認同和支持自己的需求？是否期待當事人滿足我的需求？

◎在當事人沒有進步時，我是否會有無法勝任的感覺？如果有，這種無法勝任的態度和感覺如何影響我對他的諮商？

二、澄清價值觀

價值觀是一種內心尺度，它存在於整個人性當中，支配著人的行為、態度、觀察、信念、理解等，支配著人認識世界、明白事物以及對自己的意義和自我瞭解、自我定向、自我設計等，表明著人們究竟相信什麼、想要什麼、堅持追求和實現什麼。價值觀決定著一個人生活中大大小小的選擇，我們的任何行為都是自身價值觀的流露。

心理諮商過程既是人際互動的過程，也是諮商師與當事人價值觀的交流過程，諮商師的價值取向會在諮商過程中發揮作用。在當事人談論自己的問題時，必定會涉及自己的價值觀，而諮商師與當事人相互討論問題時，也無法避免呈現自己的價值觀，即使不是有意的。因此，諮商師與當

事人在諮商交流中不斷地呈現著各自的價值觀，並且透過彼此的分享和討論，互相影響著對方，當諮商師和當事人的價值觀出現截然不同或對立的時候，就會產生一些倫理上的問題。Corey（2002）曾明確地認為：諮商師與當事人所溝通的就是價值觀，諮商師希望當事人成為什麼樣的人，以及認為人生應該發揮哪些健康的功能，這些的確都是在傳遞他們的價值觀。

雖然諮商師有自己的價值觀，但在諮商交流中，當諮商師表達自己的價值觀時，必須清楚地知道和瞭解那是自己的觀點，應該以一種開放的、非強迫式的態度與當事人分享和討論，進而引導當事人去探索他自己的價值觀以及對其行為的影響。有時，諮商師可能不同意當事人的價值觀，但必須尊重當事人的不同價值觀。如果諮商師極力想保持「客觀」立場，在當事人面前隱藏個人的價值觀，那諮商師的作為與機械式的諮商差不了多少。因為，當事人不只是需要諮商師能夠反映和澄清他們的問題，更希望能和諮商師建立深入的互動關係。所以，諮商師要真誠地表達自己的價值觀，並透過真誠開放的交流，幫助當事人藉此檢驗自己的想法和行為，當事人唯有在這種真誠信任的關係中，才能得到幫助和改變。

諮商師處理當事人價值觀的方式也常常會產生倫理議題，諮商師必須清楚地瞭解自己的價值觀對當事人的可能影響。有些研究發現，諮商中當事人有改變自己的價值觀以符合諮商師觀點的傾向，並通常會採納諮商師的價值觀（Zinnbauer & Pargament, 2000）。

在生涯諮商過程中，諮商師所專注的焦點可能會引導當事人生涯探索的方向轉變，而諮商師所使用的方法也可能讓當事人有不同的生涯選擇。

因此諮商師必須謹記在心，諮商不是教導，諮商師的功能也不是教導當事人什麼是「適當」的生涯。不幸的是，有些自以為好意的諮商師，卻相信他們的工作是幫助當事人符合社會所接受的標準或價值觀，這種諮商師瞭解什麼對當事人最好的假設，其實是錯誤的。不可否認地，教導是諮商的一部分，而且當事人確實需要直接或間接地從諮商師的觀念和例子中獲得學習，但是諮商並不是說理、說服或教導的同義詞。

不僅語言會傳達價值觀，諮商師的身體語言（如表情、動作）也會吐露其對當事人的觀感。如果當事人想要得到諮商師的認同，他們會根據這些身體語言的線索，表現出符合諮商師喜好的樣子。例如：一個準備休學的當事人敘述自己浪費大好歲月在沒有興趣的科系時，他可能看到諮商師的點頭或微笑而以為諮商師贊同他的決定，也可能因著諮商師的皺眉或遲疑反應而覺得諮商師不贊同他的決定。雖然諮商師並未強迫當事人信服或接受自己的價值觀，但是諮商師身體語言所投射出來的微妙資訊，仍然可能對當事人的行為產生影響。

有少數的諮商師由於無法認同當事人的價值觀，於是告訴當事人無法繼續進行諮商，這是一個不符合倫理的做法。諮商師的功能並不是去贊成或反對當事人的價值觀，而是去幫助他們探索和澄清自己的態度和信念，並且運用自己的價值觀來解決問題，唯一的例外是，除非當事人的價值觀或行為違背了道德和法律。

諮商師清楚認知自己的價值觀，並衡量其價值觀對當事人的影響是絕對必要的。諮商師在檢視自己價值觀的過程中，以下的問題對諮商師是有幫助（Corey et al., 2003）：

◎我真的能夠完全認知到自己的價值觀嗎？

◎我的價值觀是否影響了自己對某些諮商理論、諮商技巧或介入策略的偏好？

◎當我與當事人的價值觀相反時，我該如何解決此矛盾？

◎我認為諮商師或諮商師的立場應該是維持中立？還是與當事人溝通彼此的價值觀？

◎在幫助當事人清楚表達出他們的價值觀之過程中，我的角色是什麼？

既然諮商過程是一個價值觀的交流過程，諮商師只需在諮商過程中幫助當事人澄清其價值追求，以及瞭解和體察價值觀之間的矛盾及其行為的代價和後果，而將自我選擇權交給當事人，諮商師無需「越俎代庖」。這樣，有利於讓當事人在自我成長上獲得感悟和改變，因為每個人都有一扇自內開啟的「改變之門」。

三、保密的責任與限制

心理諮商是人與人之間的心靈溝通，也是人際交流的藝術，在諮商中要達到真正的效果，需要雙方做真實的內心交流。有效的心理諮商要靠保密和信任的氣氛，讓當事人在諮商中願意敞開心胸、暢所欲言，願意表達事實、情緒、回憶和恐懼等。因此，保密是心理諮商的工作原則之一，是職業道德的集中體現，也是諮商能有效進行的基本前提，許多心理健康的助人專業都把保密視為倫理的首要原則。

在當事人將自己埋藏心底的困惑與苦惱講述給諮商師時，當事人有權

利要求保密諮商談話的內容,而諮商師也有責任尊重和保護當事人的權利,除非當事人同意,諮商師才能在符合倫理和法律的情形下揭露其談話內容。然而,在一些情況下,如果當事人不同意揭露談話內容,諮商師可能會陷入違反保密的困境,如當事人有傷害自己或他人的意圖,或當事人有嚴重的傳染疾病等,如果諮商師不通報有關的單位部門做一些防範措施,若事件真的發生後,必有法律的責任。又如,諮商師在諮商中得知他未成年的當事人未婚懷孕,而沒有告訴其父母,之後被當事人父母控告知情不報,諮商師也要承擔法律責任。

一般而言,諮商師如果被法院傳喚出庭作證,在法庭上可以拒絕回答涉及當事人隱私的問題,因為保密的權利是屬於當事人,除非當事人瞭解也理智地同意放棄這個權利。即使如此也有例外,法律雖然保護和尊重當事人的隱私權,也認同和支持諮商師的專業倫理,但是在特殊情況下,如果當事人有危害社會或國家安全的可能性時,法院仍有要求打破保密性的權力,此時,法律高於一切倫理準則。因此,諮商師有必要熟悉法律保護當事人權利的範圍及限制。當然,諮商師在得知當事人有危害社會或國家安全的意圖或行動時,應及早通知有關單位採取防範措施,這才是正確且明智的倫理決策。

在當事人資訊的保密性必須打破時,諮商師自然面臨倫理決策的困境。針對諮商師在這種當事人要求保密而不能保密的情形,所有助人專業的倫理準則都強烈建議或規定:諮商師開始與當事人建立諮商關係時,必須告知當事人關於談話內容的保密限制和限制有哪些。諮商既是建立在信任的基礎上,諮商師在諮商開始就真誠地說明保密的限制,才是贏得當事

人信任的明智之舉。如果諮商師對保密的限制隱而不說，或者對當事人做空泛的承諾：他所說的「每一件事」都「一直」會受到保密。其結果必然會造成當事人對諮商師的不信任，之後的諮商自然難有進展，當事人甚至可能不再出現。

相較於心理諮商，上述的倫理衝突或困境在生涯諮商中發生的可能性要少許多，然而諮商師也不可掉以輕心或不予重視，畢竟生涯諮商也可能出現心理諮商的問題，至少諮商初期對當事人說明保密的原則和限制，仍是諮商師的倫理責任。

四、專業能力與訓練

諮商師的專業能力是重要的倫理問題之一，因為關乎諮商的成效。如果諮商師的專業能力不足，很容易產生不當的諮商行為，甚至造成自己的挫折和當事人的傷害。評估諮商師的專業能力是一件不容易的事，因為沒有人敢說他自己的專業能力已足夠。能力是一個過程，是一個不斷學習的路程。獲得心理諮商學位或取得諮商師資格，也只是專業上的一個基本要求，代表著學習的第一站。許多諮商的專家都會視每一個當事人、每一次諮商都是一個新的挑戰、新的學習，因為他們知道學習之路永無止盡。

諮商師的專業能力與專業訓練的關係非常密切。不同的專業訓練機構雖有自己的一套專業課程，但在諮商的專業訓練中仍有些是核心課程，如：諮商專業發展、諮商理論與實務、團體諮商、發展心理學、社會心理學、人格心理學、變態心理學、心理測驗與評量、研究方法，以及諮商倫理……等，核心課程的目的是為初學者在諮商知識奠定基礎。同時，初學

者也應在諮商督導的指導下進行實習，累積將理論應用在實務工作的經驗。更重要的是，負責專業訓練的教師不只是傳授知識和技術，而在幫助初學者探索自我、增進覺察力、拓展生活經驗，以及建立自己的諮商風格。

有些初學者熱衷於學習一些諮商技術，而不喜歡這些技術所依據的諮商理論。然而，諮商師運用技術必須以諮商理論為基礎，而且還要瞭解這些諮商理論的長處與限制。有些專業訓練是以某一特定理論為傾向，難免使初學者的學習受到限制。有些專業訓練則有較多元的理論為基礎，其目標在於幫助初學者更具有挑戰的潛力。從倫理的觀點，諮商師的教育和訓練應該提供許多不同的理論觀點，其設計的課程可以給與初學者寬廣的諮商策略和技術，能夠適用於不同的當事人及各類的問題。

除了要擁有成為專家的基礎訓練之外，諮商師也需要學習在特定領域中更進階的訓練。他們必須跟上專業領域最新的發展腳步，也需要磨練他們的技巧和學習各種新的方法，以應付新的當事人問題，如：飲食異常、家庭暴力、藥物濫用、網路成癮、老人失智和愛滋病等，這些新的挑戰都讓諮商師必須超越過去所接受的教育和訓練。

因此，繼續教育是非常重要的。大部分的助人專業機構都非常重視諮商師的繼續教育，鼓勵諮商師持續參加各種有助益的教育與訓練。例如：美國心理諮商學會（American Counseling Association, 1995）針對繼續教育的倫理準則是：諮商師應該認知到接受繼續教育的需求，對於他們的領域中新近的科學與專業的資訊保持相當程度的瞭解。他們要不斷維持使用技術的勝任能力，開放心胸學習新的技術，且能跟得上他們所要處理的各種

不同問題或特定族群。

　　Nagy（2000）的一段話，或許可以為繼續教育做最好的詮釋：即使是專家，也應該站在他們本身領域中新發展的前端，藉由閱讀專業書籍和雜誌、參加培訓課程與出席研討會、加入同行支持團體，以及任何可以幫助自己在人格或專業上繼續成長的事，使自己的能力和技術更精進。

CHAPTER 10

大學的生涯諮商

　　高等教育的主要目標在為國家培育專門人才，一方面提供國家各項建設所需之高級人才，另一方面增進個人適才適所的潛能與抱負（邱美華、董華欣，1997）。除了少數學生考上國內外研究所繼續進修之外，對多數的大學生而言，大學畢業是他們過去將近二十年學生生涯的終點，也是他們步入未來數十載社會生涯的起點。因此，大學的生涯教育對未來的國家建設和個人的生涯發展都是至為重要的。

　　生涯教育是一種新教育哲學，將生涯的概念統合在學習的歷程中，由幼稚園到成人，其內容包括生涯認識、生涯探索、價值澄清、決策技術、生涯定向及生涯準備等（金樹人，1997）。大學的生涯教育範圍涵蓋很廣，主要有準備未來工作所需的專業訓練，以及提昇所學專業的生涯輔導和生涯諮商。生涯輔導是發展性和預防性的協助方案，包括：生涯規劃課程、生涯探索和生涯決定技能工作坊以及研習會、工作實習、心理評量服務、就業指導和安置計畫等。而生涯諮商則是問題解決或補救性的輔導方式，透過諮商師與當事人一對一的個別會談，以及諮商師與數個當事人進行的小型團體諮商活動，幫助當事人解決生涯上的困擾和問題。

　　本章以大學的生涯諮商工作為重點，從大學生的生涯問題類型和性質談起，進而探討大學的生涯諮商目標，以及諮商師在目前工作困境中的突破之道，包括自身的積極努力以及整體生涯規劃方案的一些實例，最後，以諮商師的壓力調適做為本書的壓軸。理由很簡單，因為諮商師是諮商工作的靈魂。

第一節　大學生的生涯問題

　　當今的大學生正面臨生涯探索的重要時期，不但要確定目前所學的專業是否符合自己的個人特質，而且要面對畢業後可能的生涯選擇。Hinkelman 和 Luzzo（2007）認為，大學的經驗是自我探索、改變和成長的時刻，對許多學生而言，大學表示增加獨立、做決定和管理轉變角色的開始。然而在此時期，如果他們生涯探索的經驗不足，或對自我和外在世界缺乏清楚的認識，甚至對個人的生涯發展有錯誤的觀念，則會產生一些生涯問題，造成情緒、學習和生活上的困擾。筆者參考國內外學者的觀點及過去諮商的經驗，將大學生的生涯問題類型和性質整理和說明如下。

一、生涯問題的類型

　　近年來，由於科學技術的不斷進步，經濟和其他社會因素不斷地變化和發展，使得社會分工愈來愈細，職業結構和職業種類更加繁多和複雜，行業間的差異也愈來愈大，加之一些媒體的影響以及家庭、父母等觀念的因素，使得當今大學生的生涯問題呈現出既多元化又複雜化。本節描述大

學生的生涯問題，並無意把今日的大學生貼上標籤，也非以偏概全的批評，因為腳踏實地的學生亦大有人在。我們只是根據生涯諮商的經驗，呈現目前一些大學學生生涯問題的類型和特色，提供給從事大學諮商工作的諮商師們作瞭解，以便在幫助大學學生解決生涯問題時作參考。

通常，大學學生前來進行生涯諮商的問題不只是一種類型，多數的學生具有兩種或兩種以上的問題，而且問題與問題之間的關係可能交錯複雜，分別說明如下：

1. **對自我不瞭解**：許多學生在生涯發展上產生困擾或問題，最主要的原因是不瞭解自己的能力、興趣、人格特質、心理需求以及價值觀等。這種不瞭解自我可能是多方面的情形，例如：有的學生是既不知自己要什麼或能做什麼，也難以接受自己不知要什麼或不能做什麼；有的學生不是對太多的東西有興趣，就是對什麼事情都沒有興趣；而有的學生是有興趣但缺乏能力，或有能力的卻沒興趣。一般而言，對自我的不瞭解通常是以下五個生涯問題類型所共有的。

2. **對所學習的專業沒有興趣**：一些學生進入專業學習後發現自己沒有興趣，原因是剛學了一些基礎性課程便覺得枯燥無趣，他們既不清楚這些基礎課程是為了將來高年級的實用性課程打底子，也有對自己的專業發展認識不足或有偏見；還有一些學生當初選讀的科系是奉父母之命，並非符合自己的興趣或能力；更有少數學生的沒興趣只是不想念書或害怕考試的藉口。事實上，根據一些研究顯示，不少大學學生的價值取向和興趣還未真正定向，需要進一步加強在興趣方面的探索和培養。

3. **對所學專業與未來發展的關係不清楚**：一些學生對自己所學的各個專業科目之間缺乏整合的概念，而且對專業的理論也缺乏應用方面的連結，致使他們對所學專業的未來發展感到迷惘或無所適從。如果沒有得到適當的生涯規劃之協助，不僅容易造成學生個人信心的受挫，也是國家和學校教育資源的浪費。

4. **對工作世界的資訊不足**：一些學生只知埋首書本中，對所學的專業常是死記死背，不懂得活學活用，加上他們不僅對一般的就業市場趨勢一無所知，而且對所學專業的未來就業機會和環境也不甚瞭解。由於他們對工作世界的資訊知之甚少，或者不是人云亦云，就是斷章取義，以致產生畢業就會有工作等偏見，即使將來找工作也可能有求職不易或適應不良的情形。

5. **不知如何做決定**：一些學生面對任何需要做選擇或決定的事感到困難，其原因除了沒有信心或害怕失敗外，主要是過去少有自己的主見和做決定的經驗。還有一些學生追求完美，總想找到一個兩全其美或十全十美的結果，甚至希望不需花太大工夫便垂手可得一個好工作。因此，猶豫不決、三心兩意、好高騖遠等心態，是這類不知如何做決定的學生屢見不鮮的現象。

6. **對自己的未來感到茫然**：一些學生看似沒有具體的生涯問題，對自己的未來生涯也說不上有什麼想法，唯一的困擾就是不知將來要做什麼。他們對目前的生活缺乏現實感，對未來的前途也沒有任何理想。問題的原因可能是上述五種類型的綜合，至少也是兩種類型以上的組合。這類當事人在生涯諮商中雖是少數，但卻是最難和最需

要長時間處理的個案。

二、生涯問題的特性

　　大學生之所以產生上述的生涯問題必有其因，諮商時，諮商師需要瞭解他們產生這些問題的特性，才能有利於諮商的進行。一般而言，大學學生的生涯問題有下面八種特性：

1. **過度理想化**：這類學生的問題特性是，雖然對自己的未來有理想，但不考量一些周遭環境的條件和限制，而且常常是眼高手低，缺乏實際行動。例如：一個想自己創業的當事人，總羨慕別人的運氣好，期望著自己有一天也能像那些人一樣成功和富足，但卻未採取任何的努力，因為他只看到別人成功，忽視成功的背後所需付出的代價。

2. **自主性低**：這類學生的問題特性是，生活中一直受到父母無微不至的呵護和照顧，從小到大自己很少做決定或從未做過決定，以致既沒有信心表達自己的思想，也沒經驗做獨立的判斷。例如：一個當事人雖對別人的意見不以為然，但又提不出較好的見解，因為他過去大小事都依賴父母的安排，缺乏學習自主的經驗。

3. **奢求立即效果**：這類學生的問題特性可能是受到今日速食文化的影響，他們期望以很少的力氣收到立竿見影的結果，以致學習上缺乏耐性和毅力，做事常半途而廢、見異思遷。例如：一個當事人畢業後一年內換了七、八個工作，最長的工作也只做了三個月，他換工作的理由是學不到東西。

4. **抗壓力差**：這類學生的問題特性是，總擔憂別人的評價或害怕競爭的壓力，平常表現正常，但一有壓力即心慌意亂、不知所措。例如：一個當事人有嚴重的考試焦慮，無論是面臨筆試或面試，甚至聽到要考試的資訊，都會緊張地直冒汗、手腳發抖、說話結巴。

5. **重結果勝於過程**：這類學生的問題特性是害怕得到不好的結果，擔心失敗的結果會造成自己的痛苦和失落，所以，總是在原地徘徊或停滯不前。例如：一個當事人早就立志要考研究所，但到了考前兩個月都還未開始準備，他的掩飾之詞是：「如果我考不上，一定會很難過。」這種沒有出發和努力的過程，自然得不到想要的結果。

6. **挫折容忍力低**：這類學生的問題特性是害怕失敗，而且碰到一點挫折便畏懼退縮。例如：一個當事人朝著自己的生涯目標做了些努力，但是遭遇到一點小困難後，立刻洩氣地說：「我是不可能成功的。」這種忍受不了一點挫折的心理，阻礙了他成長和發展的機會。

7. **過於情緒化**：這類學生的問題特性是，情緒容易受到外在事物的影響，而且情緒的反應非常強烈，以致表現時好時壞。例如：一個當事人原先依據計畫展開行動，但是一碰到不順心或不如意的事時，心情立即跌落谷底，而且許久無法平復，導致很難冷靜行事。

8. **欠缺周全思考**：這類學生的問題特性是聰明才智無礙，反應也很快，但跳躍式的思考常使自己容易犯下掛一漏萬的疏失。例如：一個當事人行動力很強，但訂定的計畫老是行不通，因為他的計畫常常是憑著直覺走，缺乏周全的具體步驟，以致很少達到自己期望的目標。

第二節　大學生涯諮商的發展

　　大學生涯諮商的服務對象多為年齡十八歲到二十一歲左右的大學生，他們正經歷著青春期後期和成年人初期的多重挑戰，如追求生活目標、界定自我概念和尋求同輩連結等（Schultheiss, 2000）；同時，也是他們即將離開學校進入成人工作世界的轉換時期（Super, 1990），對自己在社會和工作世界的角色和定位常感到茫然和困惑，他們希望能建立穩定且正向的自我形象，確知自己對他人的價值和意義，以及尋找自己未來的人生方向和目標。因此，這階段的青年更需要生涯諮商師的協助，以增進其自我肯定感，進而在生涯發展歷程中充分發揮其潛能，達成自我實現（吳芝儀，2000）。

一、生涯諮商的目標

　　筆者整理國內外學者的看法（吳芝儀，2000；邱美華、董華欣，1997；金樹人，1990； Herr & Cramer, 1996; Sandhu & Portes, 1995），大學生涯諮商的目標有：

1. **協助學生選擇主修科系**：相較於國外的大學，國內的大學生雖然進入大學，但轉系或轉學的機會較少，因此選擇的科系或學科若不適合就可能產生極大的困擾。因此，諮商師幫助學生適應就讀的科系、尋找科系有興趣的領域或學科，甚至放棄現在科系重考等，都是常見的諮商重點。

2. **增進學生自我瞭解和評估**：自我瞭解和自我評估是一個人考慮選擇職業和生涯發展的起點，也是進入工作世界前對自我和職業的認同。諮商師幫助學生做有效的生涯規劃，必須讓學生對自己有充分的瞭解，包括自己的人格特質、優缺點、價值觀、需求、動機、興趣、能力等。

3. **協助學生瞭解工作世界**：大學生通常對工作世界雖具有初步的認識，但仍需要諮商師幫助他們進一步探索個人興趣與未來職業的結合，包括對國內外、全球工作世界和趨勢的瞭解。同時，諮商師也要幫助學生瞭解有別於校園文化的職場文化，如與同事、主管的工作關係、講效率和重能力的工作環境、權責分明的組織制度等。

4. **增進學生生涯決策能力**：諮商師在學生增進了對自我和工作世界的瞭解後，就可引導他們運用蒐集來的資訊，做成短期和長期生涯目標的決定，並在現實生活中檢驗其具體可行性。

5. **協助學生進入工作世界**：諮商師為即將畢業的學生尋求適當的工作和就業安置（placement），不只是幫助學生找到一個工作而已，而是透過一連串有計畫的服務，協助學生順利地進入工作世界。所謂的有計畫的服務，包括就業資訊的提供、找工作的策略、履歷表的準備、求職面試、求職過程的瞭解、推銷自己的能力等。

6. **協助有特殊困難的學生**：諮商師必須重視學生的個別差異，針對不同學生的不同問題，給與他們特別的關照，如猶豫不決、難做決定、少數民族、身心障礙、年紀較大、出路較差的文科學生等。

二、生涯諮商工作的困境

　　資料顯示，國外大學專職心理諮商人員與學生的比例大約為 1：400，而我國的大學卻遠遠做不到這一點，還有一些大學的心理諮商人員名義上為專職，實際上則是由輔導員或導師兼任。因此，導致大學諮商工作者最普遍、最根本的困境是，工作量大但人力資源少。一些較小規模學校的少數諮商師光是做一般的心理諮商和行政業務，就已負荷過重，談不上有多餘的精力和時間關注在學生的生涯諮商上。而較大的學校雖有較多的諮商師，但也會因為諮商師和前來進行生涯諮商學生的比率上呈現供不應求，所以情況也好不了多少，即便是進行了生涯諮商，也常常被迫在短期內完成，讓當事人感覺沒有得到實質的幫助。更有一些大學由於專兼職教師數量的嚴重不足，於是就出現了只能舉辦演講或座談，很難面對面個別交流，甚至連團體諮商都難以完成的局面。

　　其次，缺乏有效的測量工具也是目前國內大學諮商工作的一大難題，尤其是生涯諮商比一般的心理諮商更需要一些標準化的測驗和量表，如幫助學生瞭解自己的性格、興趣、能力、價值觀等測量工具。雖然生涯諮商時常用的是非標準化的測量工具，但諮商師卻沒有精力和時間自行編製，即使這類學生的問題可以使用一些翻譯的測驗或量表，但又會產生文化適用性的問題。

三、生涯諮商工作的突破

　　在諮商實踐中，我們常聽到許多大學諮商工作者有「四無」的感歎，

所謂「四無」就是對於自己工作感到無力、無助、無奈、無望。這些感覺和困惑很容易使諮商師產生疲憊感和挫折感。如何解決和突破這樣的困境？不妨角色換位一下，在當事人出現這類的感覺時，身為諮商師的我們會如何去幫助他？去開導他？把你幫助他們時說的那些話用在自己身上吧！下面介紹的是一些傑出的諮商師如何突破這些困境的實際作為，他們的經驗值得參考和學習：

1. **爭取行政支持**：諮商工作得到學校主管的重視和支持非常重要，尤其在爭取人力和資源上有很大的幫助。由於大多數的主管對諮商的理念和重要性都不甚瞭解或瞭解甚少，需要諮商師拿出實證和成果來贏得主管們的信任，如提出學生生涯問題的研究、諮商案例的統計報告、生涯教育的改進計畫、生涯規劃方案等等。呈給主管們參考的計畫或報告應簡要易懂，而且最好有重點摘要和具體建議。

2. **結合校內資源**：諮商師不能光是坐在諮商室裡等待當事人上門，而是要有主動出擊的精神和行為，多與其他學生事務相關的單位和部門聯繫，以獲得他們的支援與合作，如為導師提供一些書面的參考材料、為老師舉辦一些增加知能的研習活動、與學務處聯合舉辦學生的生涯探索活動、與畢業生輔導組建立轉介途徑等。

3. **建立資源檔案**：諮商師要養成資源的蒐集和整理的習慣，手邊一定要建立隨時可取得的完整資源檔案，而且資源檔案要經常更新，以備不時之需的諮商工具。雖然這不是一朝一夕可以做到的，只要透過不斷的累積和整理還是可以做到的。這些資源的主要來源有：校外督導、諮商專業書籍、曾合作過的企業或公司、各類證照的考試

辦法和題庫、良好的資訊網站、緊急和救難電話、可做轉介的合作醫院等。

4. **進行小型研究**：諮商師大多時間都在從事第一線的實務工作，不期待去做嚴謹的學術研究，然而進行一些類似行動研究（action study）則是很有必要的。因為這不僅幫助自己以做為工作推展的參考，而且也是一項爭取主管支持的重要任務。這類研究如：當事人問題的統計和分析、生涯團體成效報告、生涯測量工具的結果和運用、生涯講座和活動的學生反應調查等。此外，由於國內可用的標準化測驗和量表較少，諮商師可以參考一些國內外的評量工具，自行編製一些符合自己工作需要的簡單測量工具，不必考慮標準化要求的編製過程。

5. **提昇自己的專業能力**：專業能力是一個永不止盡的學習歷程，諮商師必須跟上專業領域最新發展的腳步，以因應當事人新的問題和挑戰。因此，諮商師要不斷地接受繼續教育，例如：參加專業的工作坊或研習班，以提昇專業技能及發展新的諮商技巧。而且，這樣的工作坊或研習班可以讓諮商師與其他共同志趣的諮商師相聚和討論，共同建立一些專業的互相支援網路。此外，加入一些地區性或全國性的專業團體也是一個很好的途徑，如成為台灣心理學會、台灣輔導與諮商學會等組織的會員，不僅可以優惠參加他們提供的繼續教育，還可以獲得一些介紹學術與實務上新觀念和新方法的期刊。另一種發展或提昇專業能力的方法，就是向有經驗的同事或同行請教和觀摩學習。

6. **發展生涯規劃課程**：愈來愈多的大學已經在重視學生的生涯教育，希望在訓練學生專業能力的同時，也能培養其未來的生涯適應能力。根據 2004 年一個針對美國大學生的研究發現，大學生涯教育關切的重點應放在生涯規劃（career planning）上的需要。生涯規劃的內容包括生涯探索、生涯定向、生涯發展等。這種心理教育（psychoeducational）取向的課程優點是，諮商師能用較少的時間服務更多的學生，而且讓學生在問題未形成之前學習探索和解決問題的能力。

四、生涯規劃方案範例

　　國外大學的生涯規劃課程種類很多，一般經由專家學者的設計，在理論的引導下，從調查學生的生涯需求開始，透過課程評量來達成適合學校生涯教育的目標。由於國內此類課程尚在發展起步，下面提出一個為某大學設計的生涯規劃方案計畫，計畫中特別加上了研究的理念和實踐，如課程教材和教案設計、教師培訓、發展學習效果的測量工具以及檢驗教學成效等，以建立整體的生涯教育系統。

某大學的生涯規劃方案計畫

1. 計畫精神與目標

　　(1)通過嚴謹系統的研究過程，以實證研究成果為依據，對課程設計、師資培訓、學生修課、教學研討以及教學成效考評，做一個整體的規劃。

(2) 所有的教材、教案及教學，均依據學生實際的生涯需求設計，以生動活潑的團體活動方式進行，使學生樂於學習並能享受學習的成果。

(3) 幫助學生在生涯發展中得到成長和進步，同時提昇授課老師生涯規劃教學的知識和能力。

2. 計畫執行時間：十二個月

3. 計畫進度

階段	時間	工作內容	說明
準備階段	第一個月	瞭解學校需要、擬定方案構想	
		簽訂合作契約及備忘錄	
調查階段	第二個月	設計生涯需求及困擾調查問卷	
		建立調查問卷的信度及效度	
	第三個月	調查問卷施測、資料登錄	
		調查問卷統計及分析	
		撰寫調查報告	
訓練階段	第四個月	依據調查報告擬定課程方案	
		依據方案內容設計課程綱要	
	第五個月	依據課程綱要撰寫課程教材	學生手冊及教師手冊
	第六個月	依據課程教材內容設計課程教案	
		依據課程教案制定教師培訓方案	
	第七個月	進行教師培訓	兩階段，每階段培訓五天
驗證階段	第八個月	設計生涯成熟、生涯定向及生涯發展量表	評量學生學習效果

	第九至十一個月	對選課學生實施生涯成熟、生涯定向及生涯發展量表的前測及資料登錄	
		召開培訓教師實際教學、期中教學研討會	一學期
	第十二個月	對修課學生實施生涯成熟、生涯定向及生涯發展量表的後測及資料登錄	
		對修課學生進行生涯成熟、生涯定向及生涯發展量表前測和後測的統計分析和期末總結報告	評量學生學習效果
		計畫成果檢討及發表會	兩天

第三節　諮商師的壓力調適

　　壓力是人在某種條件刺激（機體內部或外部的）的作用下，所產生的生理變化和情緒波動，使人在心理上所體驗到的一種壓迫感或威脅感。因此，壓力是一個生命的事實，是人類一種普遍的經驗。壓力會出現在每個人、每天的生活中，即使是壓力管理專家也會告訴你，他們從事的是一個有壓力的工作。

　　適度的壓力是動力，使人能保持警覺的壓力水準，使人有動力去完成一些事情，如追求成就、努力工作、準備考試等，這對於提高工作效率、改善人的可靠性是有益的。因而，適當或中等程度的壓力是有其正向功能的，但是太大或過多的壓力就會給人帶來極大的負面影響。遺憾的是，許多諮商師在投入這個行業之前並沒有充分地認識和瞭解到，諮商工作是一個很有壓力的職業，這種工作壓力常常帶來了身心健康的危險性。

一般而言，諮商師的壓力主要是來自工作本身的特性、對諮商專業角色的自我要求、工作中的挫折等。一個壓力太大或過多的諮商師不僅無法發揮助人的效能，也容易造成自己身心健康上無法彌補的傷害。期待能夠完全地消除工作壓力是不切實際的想法，但是有經驗的諮商師會隨時留意壓力的警訊，並運用有效的壓力調適來減低自己的壓力，適時地為自己的生命能量和提昇專業能力增加活力。

一、壓力的來源

　　根據國外一些研究發現，諮商師感到最大的壓力是當事人告知有自殺意圖或行為，至於其他一些壓力來源的大小則沒有一致的看法，下面列出的是，不分大小順序的壓力來源有（王志寰等譯，2004；伍育英、陳增穎、蕭景容譯，2006）：

1. 當事人數量的增加。
2. 不喜歡當事人。
3. 質疑心理諮商的價值和效果。
4. 設定太高的目標，有完美主義傾向。
5. 無法判斷要使用何種適當的諮商方法和技術。
6. 無法有效地幫助當事人。
7. 與同事之間發生專業上的衝突。
8. 與其他同行間有疏離感。
9. 過度認同當事人，以致無法掌握個人情感和專業行為的平衡。
10. 下班後仍未把當事人的問題暫放在一邊。

11. 想快速解決當事人的問題。

12. 未得到當事人的肯定或感激。

13. 處理煩雜的文書記錄工作。

14. 當事人拒絕再來諮商。

一些研究也顯示，工作壓力較大的諮商師通常內心有一些不合理的信念。 Deutsch（1984）指出，最容易讓諮商師感到壓力的三個不合理信念，都和自己要求完美有關：

「我應該始終維持高度的工作熱忱和工作效能。」

「我必須要能處理任何當事人的緊急狀況。」

「我必須幫助每一位當事人。」

除了上述三個主要的不合理信念外， Deutsch 又列出其他導致諮商師壓力的不合理信念，包括：

「倘若當事人沒有進步，是我的錯。」

「當事人很需要我，我不應該休假。」

「工作等同於我的生命。」

「我是心理健康的典範，不應該有心理困擾。」

「我必須隨時待命、隨傳隨到。」

「當事人的需求總是比我個人的需求重要。」

「我是當事人生活中最重要的人。」

「我有能力左右當事人的生活。」

有趣的是，我們可以發現這些引發壓力的不合理信念，都與諮商師選擇以助人專業的需求有關，如被需要、感覺有價值、對別人的生活有影

響、有能力左右他人，以及覺得自己很重要等。因此，當諮商師沒有實現自我期望的表現時，即使那是不合理的期望，他們還是會感到挫折。一個諮商師如果認定自己要為諮商成敗負完全責任，無疑是把不必要的負擔加到自己身上，壓力自然產生。比如當諮商效果不如預期的好，或者看到當事人的進步緩慢時，一些諮商師就會認為自己能力差、技巧不足等。由此可見，諮商師之所以感到有壓力，關鍵點常常不在於當事人問題的困難度，而是在與諮商師對於助人角色所抱持的不合理信念所造成的。

二、壓力的警訊

如果諮商師在長期的工作壓力下而又缺乏適當的調適，其結果很容易產生專業枯竭（burnout）的現象，典型的症狀是疲倦、失去活力和缺乏熱情。諮商師如果出現這些現象，不僅造成自己嚴重的身心健康問題，也不能給與當事人有效的諮商，就好似一個自己身體有病的人很難去照顧另一個有病的人。因此，為了維護諮商師的個人健康和提昇專業能力，必須對下面列出的這些壓力警訊保持高度的警覺心。這些容易造成專業枯竭的警訊大都是多個同時出現，而且出現得愈多則枯竭的危險性愈高。如果這些警訊偶而或單一出現，無須過於緊張或憂慮，以免又增加另一層的壓力。

1. 經常有不想工作的念頭。
2. 經常抱怨不喜歡現在的工作。
3. 感到工作沒有成就感或意義。
4. 經常有不愉快的情緒圍繞著。
5. 感到似乎有不幸或惡運將降臨。

6. 覺得生活灰暗沉重、枯燥無味。

7. 對當事人的負向反移情增加。

8. 容易被他人激怒，有愈來愈退縮、沮喪或不能容忍他人的情形。

9. 有原因不明的身體不適或疾病的困擾。

10. 有逃離現實的想法或自殺念頭。

三、壓力調適

　　為了避免出現專業枯竭的現象，諮商師需要花一些時間好好地問問自己：「如果需要改變，我願意在想法和行為上做什麼改變？」這問題不也是諮商師經常鼓勵當事人的話嗎？從鼓勵自己開始吧！參考 Corey（2002）建議的一些避免專業枯竭的方法，試著找到一些適合自己的方法：

1. 評估自己的目標、喜好和期望，並審視是否切合實際，以及是否能帶來自己想要的。

2. 確定自我是自己生命的主人。

3. 在工作之外培養其他興趣。

4. 思考一些使工作有變化的方法。

5. 主動開展一些對自己有意義的新計畫，不要等待主管指示才動手。

6. 學習檢視工作及家庭中壓力帶來的影響。

7. 透過足夠的睡眠、固定的運動、適當的飲食、靜坐冥想或放鬆，保持個人的健康。

8. 發展互惠的友誼。

9. 學習如何提出要求，但不期待一定能得到。

10. 工作中學習自我肯定和自我酬賞，不要只想獲得外在的肯定。

11. 從遊戲、旅遊和新的經驗中尋求意義。

12. 花時間去評估個人計畫的意義，以決定是否繼續投入時間和精力。

13. 避免承擔他人應當負起的責任。

14. 參加訓練課程、工作坊、研討會及閱讀，以獲得專業上的新知。

15. 重新安排自己的日程表來減輕壓力。

16. 瞭解自己的限制，並學習讓別人瞭解自己的限制。

17. 學習接納自己的不完美，在自己犯錯或未達理想時懂得寬恕自己。

18. 與同事互換工作一段時間，或邀請同事一起參與工作計畫。

19. 與同事組成支持性團體，開放地分享挫折感及找出克服困難的好方法。

20. 培養一些能帶來愉悅的嗜好。

21. 花時間耕耘自己靈性方面的成長。

22. 主動參與學術專業組織。

23. 為求個人更大的成長，尋求他人的諮商，如同事、師長、督導等。

四、關照自己

Skovholt（2001）認為，從事助人專業工作者都是單向關照（one-way caring）他人的專家，認為自己有無窮的精力和能量，可以不斷地付出，卻很少留意關照自己也同樣重要。諮商師要如何讓自己的身心都能充分得到關照，Lazarus（2000）建議思考下列幾個重要問題：

1. 我會做哪些有趣的事情？

2. 我會營造何種正向情緒？

3. 我能充分享受何種感官經驗？

4. 我會喚起何種能夠激發能量和愉悅的心象？

5. 我會採用的正向自我內言有哪些？

6. 我會結交哪些友善的朋友？

7. 我會從事哪些有助於健康的活動？

關照自己不是一件奢侈的事，而是諮商師符合專業倫理的一項重要任務。最後，我們以 Myers、Sweeney 和 Witmer（2000）的「健康輪」（wheel of wellness）概念，做為鼓勵諮商師關照自己的一面鏡子，下面是他們提出的五項生命任務，值得諮商師深思這些生命任務的意義和價值：

1. **靈性**（spirituality）：靈性是對存在和力量的一種察覺，它超越物質層面，賦與人們深厚的整體感或聯結於宇宙的感覺。你對靈性的定義是什麼？從生活和工作當中，你如何發現它的存在？

2. **自我導向**（self-direction）：自我導向是一種處理主要生活事務時的專注和有目的性的感覺，舉凡價值感、健康的掌控感、合乎現實的信念、情緒察覺和因應、問題解決和創造力、幽默感、良好的營養、運動、照顧自我、性別認同和文化認同等，都屬於自我導向的元素。上述這些元素如何展現在你的生活中？對你而言，自我導向重要嗎？你認同生活中可以掌控的部分，也試著認同無法掌控的部分嗎？

3. **工作與休閒**（work and leisure）：休閒如工作一樣，可以提供成就感。你每週從事的休閒活動是什麼？你的工作與休閒時間分配得當

嗎？回想一下自己的原生家庭時，你學習到工作與休閒在生活中的角色是什麼？

4. **友誼**（friendship）：友誼包含一個人的所有社交關係，它涉及與別人之間的連結。你擁有期待的朋友類型嗎？目前的友誼關係能夠滿足你嗎？你在生活中會付出而不求回報嗎？你有不是諮商師角色的時刻嗎？還是周遭的人都習慣這麼認定你，而你也習慣到哪兒都扮演這個角色？

5. **愛**（love）：愛是一段長期、親密、信賴、憐憫和互相認同的關係。生活中，你有這種愛的關係嗎？這段關係能夠安定你的情緒到何種程度？

參考文獻

中文部分

王志寰等（譯）（2004）。G. Corey, M. S. Corey & P. Callanan 著。**諮商倫理**（Issues and ethics in the helping professions）。台北市：桂冠。

伍育英、陳增穎、蕭景容（譯）（2006）。D. Capuzzi & D. R. Gross 著。**諮商與心理治療**（Counseling and psychotherapy: Theories and interventions, 3rd ed.）。台北市：桂冠。

吳芝儀（2000）。**生涯輔導與諮商**。嘉義市：濤石文化。

林一真（2007）。**生活彩虹探索**。台北市：心理。

邱美華、董華欣（1997）。**生涯發展與輔導**。台北市：心理。

金樹人（1990）。**生計發展與輔導**。台北市：天馬文化。

金樹人（1997）。**生涯諮商與輔導**。台北市：東華。

金樹人（2001）。**職業興趣組合卡**（國中版）。台北市：心理

金樹人（2002）。**職業興趣組合卡**（高中職以上版）。台北市：心理

紀憲燕（1994）。**大學生生涯決定類型與生涯決定信念之研究**。國立台灣師範大學教育心理與輔導研究所碩士論文，未出版，台北市。

簡茂發等（2007）。**興趣量表使用手冊**。台北市：大學入學考試中心。

羅文基、朱湘吉、陳如山（1992）。**生涯規劃與發展**。台北縣：國立空中大學。

英文部分

American Counseling Association (1995). *ACA code of ethics and standards of practice*. VA: The Author.

Amundson, N. E. (2003). *Acttive engagement: Enhancing the career counseling process* (2nd ed.). Richmond, B. C.: Ergon Communications.

Amundson, N. E., & Penner, K. (1998). Parent involved career exploration. *The Career Development Quarterly, 47*, 135-144.

Amundson, N. E., Harris-Bowlsbey, J., & Niles, S. G. (2005). *Essential elements of career counseling*. Columbus, OH: Pearson.

Baker, K. A. (1999). The important of cultural sensitivity and therapist self-awareness when working with mandatory clients. *Family Process, 38*, 55-67.

Beauchamp, T. L., & Childress, J. F. (1989). *Principles of biomedical ethics*. Oxford, England: Oxford University Press.

Beck, A. T. (1987). Cognitive therapy. In J. K. Zeig (Ed.), *The evolution of psychotherapy* (pp. 149-178). New York: Brunner/Mazel.

Bertolino, B., & O'Hanlon, B. (2002). *Collaborative, competency-based counseling and therapy*. Boston MA: Allyn & Bacon.

Bischoff, M. M., & Tracey, T. J. G. (1995). Client resistance as predicted by therapist behavior: A study of sequential dependent. *Journal of Counseling Psychology, 42*, 487-495.

Bohart, A. C., & Tallman, K. (1999). *How clients make therapy work: The process of active self-healing*. Washington, DC: American Psychological

Association.

Bordin, E. S. (1946). Diagnosis I counseling and psychotherapy. *Education and Psychological Measurement, 6,* 169-184.

Brown, D., & Brooks, L. (1991). *Career counseling techniques.* Boston: Allyn & Bacon.

Budman, S. H., & Gurman, A. S. (1988). *Theory of practice of brief therapy.* New York: The Guilford Press.

Carroll, M. A. (1998). The multifaceted ethical dimension of treating the mental ill. In *The Hatherleigh guide to ethics in therapy* (pp. 161-179). New York: Hatherleigh Press.

Cochran, L. (1994). What is a career problem? *The Career Development Quarterly, 42,* 204-215.

Cochran, L. (1997). *Career counseling: A narrative approach.* Thousand Oaks, CA: Sage.

Combs, G., & Freeman, J. (1990). *Symbol, story & ceremony.* New York: W. W. Norton.

Corey, G. (2002). *Theory and practice of counseling and psychotherapy* (6th ed.). Pacific Grove, CA: Brooks/Cole.

Corey, G., Corey, M. S., & Gallanan, P. (2003). *Issues and ethics in the helping professions* (6th ed.). Pacific Grove, CA: Brook/Cole.

Crites, J. O. (1978). *Career Maturity Inventory: Theory and research handbook* (2nd ed.). Monterey, CA: CTB/McGraw-Hill.

Crites, J. O. (1981). *Career counseling: Models, methods, and materials.* New York: McGraw-Hill.

Csikszentmihalyi, M. (1990). *Flow: The psychology of optimal experience.* New York: Harper Perennial.

Deutsch, C. J. (1984). Self-reported of stress among psychotherapists. *Professional Psychology: Research and Practice, 15*(6),833-845.

Egan, G. (2002). *The skilled helper: A problem-management and opportunity development approach to helping* (6th ed.). Pacific Grove, CA: Brook/Cole.

Ellis, A. E. (1994). *Reason and emotion in psychotherapy: A comprehensive method of treating human disturbances* (Rev. ed.). New York: Carol Publishing Company.

Figler, H., & Bolles, R. N. (1999). *The career counselor's handbook.* Berkeley, CA: Ten Speed .

Gerig, M. S. (2007). *Foundations for mental health and community counseling.* New Jersey: Pearson.

Guy, J. D. (2000). Holding the holding environment together: Self-psychology and psychotherapist care. *Professional Psychology: Research and Practice, 31*(3), 351-352.

Gysbers, N. C., & Moore, E. J. (1987). *Career counseling: Skills and techniques for practitioners.* Englewood, NJ: Prentice-Hall.

Gysbers, N. C., Heppner, M. J., & Johnston, J. A. (2003). *Career counseling: Process, issues, and techniques* (2nd ed.). Boston: Allyn & Bacon.

Harmon, L. W., Hansen, J. C., Borgen, F. H., & Hammer, A. L. (1994). *Strong Interest Inventory applications and technical guide*. Stanford, CA: Stanford University Press.

Herr, E. L. (1999). *Counseling in a dynamic society: Contexts & practices for the 21st century*. Alexandria, VA: American Counseling Association.

Herr, E. L., & Cramer, S. H. (1996). *Career guidance and counseling through the life span* (5th ed.). Glenview, IL: Scott & Foresman.

Hill, M., Glaser, K., & Harden, J. (1995). A feminist model for ethical decision making. In E. J. Rave & C. C. Larsen (Eds.), *Ethical decision making in therapy: Feminist perspectives* (pp. 18-37). New York: The Guilford Press.

Hinkelman, J. M., & Luzzo, D. J. (2007). Mental health and career development of college student. *Journal of Counseling and Development, 85*, 143-147.

Inkson, K., & Amundson, N. (2002). Career metaphors and their application in theory and counseling practice. *Journal of Employment Counseling, 39*, 98-108.

Janis, I., & Mann, L. (1977). *Decision-making: A psychological analysis of conflict, choice, and commitment*. New York: The Free Press.

Keith-Spiegel, P., & Koocher, G. (1985). *Ethics in psychology: Professional standards and cases*. New York: Random House.

Kelly, G. A. (1955). *A theory of personality: The psychology of personal constructs*. New York: W. W. Norton.

Kitchener, K. S. (1984). Intuition, critical evaluation and ethical principles: The foundation for ethical decisions in counseling psychology. *The Counseling Psychologist, 12*(3), 43-55.

Krumboltz, J. D. (1979). A social learning theory of career decision making. In A. M. Mitchell, G. B. Jones & J. D. Krumboltz (Eds.), *Social learning and career decision making* (pp. 19-49). Cranston, RI: Carroll.

Krumboltz, J. D. (1983). *Private rules in career decision making*. Columbus, OH: National Center for Research in Vocational Education.

Krumboltz, J. D. (1991). *Manual for the Career Beliefs Inventory*. Palo Alto, CA: Consulting Psychologists Books.

Kuder, F. (1988). *General manual for Kuder General Interest Survey, Form E*. Monterey, CA: CTB/McGraw-Hill.

Lazarus, A. A. (2000). Multimodal replenishment. *Professional Psychology: Research and Practice, 31*(1), 93-94.

Locke, E. A., & Latham, G. P. (1984). *Goal setting: A motivational technique that works*. Englewood Cliffs, NJ: Prentice-Hall.

Mahrer, A. R., Murphy, R. G., Gagnon, R., & Gingras, N. (1994). The counsellor as a cause and cure of client resistance. *Canadian Journal of Counselling, 28*, 125-134.

Mappes, D. C., Robb, G. P., & Engels, D. W. (1985). Conflicts between ethics and law in counseling and psychotherapy. *Journal of Counseling and Development, 64*(4), 246-252.

Maslow, A. H. (1954). *Motivation and personality*. New York: Harper & Row.

Meara, N. M., Schmidt, L. D., & Day, J. D. (1996). Principles and virtues: A foundation for ethical decisions, policies, and character. *The Counseling Psychologist, 24*(1), 4-77.

Meichenbaum, D. (1977). *Cognitive behavior modification: An integrative approach.* New York: Plenum.

Myers, J. E., Sweeney, T. J., & Witmer, J. M. (2000). The wheel of wellness counseling for wellness: A holistic model for treatment planning. *Journal of Counseling and Development, 78,* 251-266.

Nagy, T. F. (2000). *Ethics in plain English: An illustrative casebook for psychologists.* Washington, DC: American Psychological Association.

Nathan, R., & Hill, L. (1992). *Career counseling.* London: Sage.

National Career Development Association (1997). *NCDA guidelines for the use of the Internet for provision of career information and planning services.* Columbus, OH: The Author.

Newman, C. F. (1994). Understanding client resistance: Methods for enhancing motivation to change. *Cognitive and Behavioral Practice, 1,* 47-69.

Osipow, S. H. (1987). *Manual for the Career Decision Scales* (Rev. ed.). Odessa, FL: Psychological Assessment Resources.

Patsula, P. (1992). *The assessment component of employment counseling.* Ottawa: Human Resources Development Canada.

Peterson, G. W. (1998). Using a vocational card sort as an assessment of occupation knowledge. *Journal of Career Assessment, 6,* 49-67.

Sandhu, D. S., & Portes, P. R. (1995). The proactive model of school counseling. *International Journal for Advancement of Counseling, 18*, 11-20.

Schultheiss, D. P. (2000). Emotional-Social issues in the provision of career counseling. In D. A. Luzzo (Ed.), *Career counseling of college students: An empirical guide to strategies that work*. Washington, DC: American Psychological Association.

Sears, S. (1982). A definition of career guidance terms: A National Vocational Guidance Association perspective. *Vocational Guidance Quarterly, 31*, 137-143.

Skovholt, T. M. (2001). *The resilient practitioner: Burnout prevention and self-care strategies for counselors, therapies, and health professionals*. Boston: Allyn & Bacon.

Storey, J. (2000). 'Fracture lines' in the career environment. In A. Collins & R. Young (Eds.), *The future of career* (pp. 21-36). Cambridge: Cambridge University Press.

Super, D. E. (1976). *Career education and the meaning of work. Monographs on Career Education*. Washington, DC: The Office of Career Education, U. S. Office of Education.

Super, D. E. (1983). The history and development of vocational psychology: A personal perspective. In W. B. Walsh & S. H. Osipow (Eds.), *Handbook of vocational psychology*. New Jersey: Lawrence Erlbaum Associates.

Super, D. E. (1990). A life-span, life space approach to career development. In

D. Brown, L. Brooks & Associates (Eds.), *Career choice and development: Applying contemporary theories to practices* (2nd ed.). San Francisco, CA: Jossey-Bass.

Tretheway, A. (1997). Resistance, identity and empowerment: A post modern feminist analysus of clients in a human service organization. *Communication Monographs, 64*, 281-301.

Watkins, C. E., Campbell, V. L., & Nieberding, R. (1994). The practice of vocation assessment by counseling psychologists. *The Counseling Psychologist, 22*, 115-128.

Welfel, E. R. (2002). *Ethics in counseling and psychotherapy: Standards, research, and emerging issues* (2nd ed.). Pacific Grove, CA: Brook/Cole.

Williamson, E. G. (1939). *How to counsel students: A manual of techniques for clinical counselors*. New York: McGraw-Hill.

Yontef, G. M. (1993). *Awareness, dialogue and process: Essays on gestalt therapy*. Highland, NY: Gestalt Journal Publications.

Zinnbauer, B. J., & Pargament, K. I. (2000).Working the sacred: Four approaches to religious and spiritual issues in counseling. *Journal Counseling and Development, 78*(2), 162-171.

附錄 1　個人特質類型的意義

實用型（R）的人情緒穩定、有耐性、坦誠直率，寧願行動不喜多言，喜歡在講求實際、需要動手的環境中從事明確固定的工作，依既定的規則，一步一步地製造完成有實際用途的物品。對機械與工具等事較有興趣，生活上亦以實用為重，眼前的事重於對未來的想像，比較喜歡獨自做事。喜歡從事機械、電子、土木建築、農業等工作。

研究型（I）的人善於觀察、思考、分析與推理，喜歡用頭腦依自己的步調來解決問題，並追根究底。他不喜歡別人給他指引，工作時也不喜歡有很多規矩和時間壓力。做事時，他能提出新的想法和策略，但對實際解決問題的細節較無興趣。他不是很在乎別人的看法，喜歡和有相同興趣或專業的人討論，否則還不如自己看書或思考。喜歡從事生物、化學、醫藥、數學、天文等相關工作。

藝術型（A）的人直覺敏銳、善於表達和創新。他們希望藉文字、聲音、色彩或形式來表達創造力和美的感受。喜歡獨立作業，但不要被忽略，在無拘無束的環境下工作效率最好。生活的目的就是創造不平凡的事務，不喜歡管人和被人管。和朋友的關係比較隨興。喜歡從事如：音樂、寫作、戲劇、繪畫、設計、舞蹈等工作。

社會型（S）的人對人和善，容易相處，關心自己和別人的感受，喜歡傾聽和瞭解別人，也願意付出時間和精力去解決別人的衝突，喜歡教導別

人，並幫助他人成長。他們不愛競爭，喜歡大家一起做事，一起為團體盡力。交友廣闊，關心別人勝於關心工作。喜歡從事教師、輔導、社會工作、醫護等相關工作。

企業型（E）的人精力旺盛、生活緊湊、好冒險競爭，做事有計畫並立刻行動。不願花太多時間仔細研究，希望擁有權力去改善不合理的事。他們善用說服力和組織能力，希望自己的表現被他人肯定，並成為團體的焦點人物。他不以現階段的成就為滿足，也要求別人跟他一樣努力。喜歡管理、銷售、司法、從政等工作。

事務型（C）的人個性謹慎，做事講求規矩和精確。喜歡在有清楚規範的環境下工作。他們做事按部就班、精打細算，給人的感覺是有效率、精確、仔細、可靠而有信用。他們的生活哲學是穩紮穩打，不喜歡改變或創新，也不喜歡冒險或領導。會選擇和自己志趣相投的人成為好朋友。喜歡從事銀行、金融、會計、秘書等相關工作。

資料來源：簡茂發等（2007）

附錄 2 人格特質檢核表

☐ 敏感的

☐ 合作的

☐ 耐心的

☐ 友善的

☐ 慷慨的

S1

☐ 直覺的

☐ 有主見的

☐ 富創意的

☐ 敏感的

☐ 自由開放的

A2

☐ 理性的

☐ 喜歡解決問題的

☐ 獨立思考的

☐ 內向的

☐ 有條理的

I3

☐ 不善社交

☐ 順從的

☐ 坦率的

☐ 腳踏實地的

☐ 謙和的

R1

☐ 喜歡邏輯思考的

☐ 不喜領導別人的

☐ 謹慎的

☐ 批判性強的

☐ 好奇的

I1

☐ 樂於助人的

☐ 理想主義的

☐ 仁慈的

☐ 富洞察力的

☐ 喜歡人群的

S2

☐ 喜歡美的事物

☐ 好幻想的

☐ 衝動的

☐ 喜歡自由自在的

☐ 情緒化的

A3

☐ 積極樂觀的

☐ 喜愛冒險的

☐ 重名利的

☐ 雄心壯志的

☐ 支配心強的

E1

☐ 叛逆的

☐ 不喜拘束的

☐ 熱情的

☐ 善表達的

☐ 想像力豐富的

A1

☐ 自信的

☐ 善分析推理的

☐ 重自我反思的

☐ 謹慎的

☐ 精確的

I2

☐ 有責任感的

☐ 有說服力的

☐ 同理別人的

☐ 善解人意的

☐ 溫暖的

S3

☐ 仔細的

☐ 順從的

☐ 正直的

☐ 討厭改變的

☐ 有效率的

C1

☐ 執著的	☐ 重視現在的	☐ 精力充沛的
☐ 安定的	☐ 害羞的	☐ 愛表現的
☐ 值得信賴的	☐ 平實的	☐ 追求刺激的
☐ 喜歡被領導的	☐ 有耐力的	☐ 有衝勁的
☐ 有規律的	☐ 少說多做的	☐ 重規劃的
C2	R2	E2
☐ 不喜社交的	☐ 有恒心的	☐ 領導力強的
☐ 堅持的	☐ 重實際的	☐ 果敢的
☐ 節儉的	☐ 謙虛的	☐ 講求效益的
☐ 不善表達的	☐ 保守的	☐ 善交際的
☐ 喜歡具體明確的	☐ 不喜幻想的	☐ 外向的
R3	C3	E3

作答和計分方式：

1. 當事人分別勾選符合自己的人格特質。然後，計算每五題的勾選數目，
   如 S1 勾選了合作的、耐心的，在 S1 寫上 2，以此類推。

2. 將六個類型分別加總，如 S1、S2、S3 加總為 S 分數，以此類推，得到
   S、I、A、R、E、C 六個分數。

3. 依序取分數最高的三個為人格特質的 Holland 碼。如某個當事人各類型
   得分為：S ＝ 10、I ＝ 9、A ＝ 11、R ＝ 5、E ＝ 1、C ＝ 0，他的
   Holland 碼即為 ASI。

指導語：

　　美國生涯發展大師 Super 說：人的生涯發展有如一個彩虹。你看！在這圖中，生涯發展的階段大致可分為五個時期，讓我簡單地為你說明。

1. **成長期**：從出生到十四、十五歲左右，此時期的生涯為發展態度、能力、興趣、需求等。

2. **探索期**：從十五～二十四歲，此時期的生涯選擇範圍縮小，尚末做決定。

3. **建立期**：從二十五～四十四歲，此時期的生涯會由工作經驗中嘗試，並且設法安定下來。

4. **維持期**：從四十五～六十四歲，此時期的生涯為調適過程，以改善工作地位、情境。

5. **衰退期**：六十五歲以後，此時期的生涯開始做退休前考慮，工作輸出，最後退休。

　　從這圖中，你可以看到在每個階段扮演的生活角色，如兒童、學生、工作者、休閒者、家長、公民等。這些角色彼此之間會交互影響，大多數人可能有相似的角色，但也會有因人而異或比重不同的角色。在人一生中，角色的選擇、時間長短和重要性經常改變，大多時是個人可以掌控的，而個人的自我概念和價值觀會貫穿所有表現的生活角色，等會我們可以做價值檢核。

你瞭解這圖的意思嗎？有什麼想問的嗎？（等待當事人的反應，需要的話再多加一些解釋）。現在，你可以自己嘗試畫出一個自己的生涯彩虹圖，並且列出自己認為要扮演的角色會是哪些？除了上述舉出的角色外，你也許會想到其他更多的角色，如子女、夫妻、領導者、下屬、祖父母等。至於未來可能扮演的角色，你可以用想像的方式列出。來！發揮你的智慧，展望自己生命中美麗的彩虹。

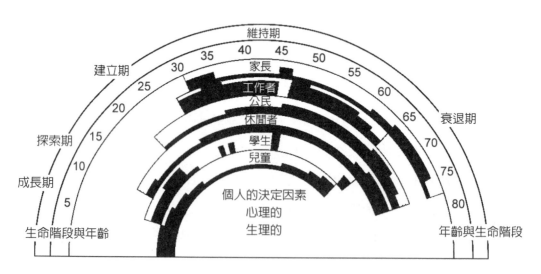

生涯彩虹圖

資料來源：Super (1983)

國家圖書館出版品預行編目（CIP）資料

大學生的生涯諮商手冊 / 鍾思嘉著.
-- 初版. -- 臺北市：心理，2008. 7
面；　公分. --（輔導諮商系列；21078）
參考書目：面
ISBN 978-986-191-163-2（平裝）

1. 生涯規劃　2. 大學生　3. 個別諮商

192.1　　　　　　　　　　　　　　　97011579

輔導諮商系列 21078
大學生的生涯諮商手冊

作　　　者：鍾思嘉
責任編輯：郭佳玲
總 編 輯：林敬堯
發 行 人：洪有義
出 版 者：心理出版社股份有限公司
地　　　址：台北市大安區和平東路一段 180 號 7 樓
電　　　話：(02) 23671490
傳　　　真：(02) 23671457
郵撥帳號：19293172 心理出版社股份有限公司
網　　　址：http://www.psy.com.tw
電子信箱：psychoco@ms15.hinet.net
駐美代表：Lisa Wu （Tel: 973 546-5845）
排 版 者：辰皓國際出版製作有限公司
印 刷 者：東緕彩色印刷有限公司
初版一刷：2008 年 7 月
初版二刷：2012 年 8 月
I S B N：978-986-191-163-2
定　　　價：新台幣 280 元